TIAGO
CHAGAS

JESUS PARA ANSIOSOS

Vida

UM MANUAL
BÍBLICO
CONTRA A
ANSIEDADE

4ª EDIÇÃO REVISADA E AMPLIADA

Vida
EDITORA VIDA
Rua Conde de Sarzedas, 246 — Liberdade
CEP 01512-070 — São Paulo, SP
Tel.: 0 xx 11 2618 7000
atendimento@editoravida.com.br
www.editoravida.com.br
@editora_vida /editoravida

JESUS PARA ANSIOSOS

Exceto em caso de indicação em contrário, todas as citações bíblicas foram extraídas da *Nova Versão Internacional* (NVI) ©1993, 2000, 2011 by *International Bible Society*, edição publicada por Editora Vida. Todos os direitos reservados.

Todas as citações bíblicas e de terceiros foram adaptadas segundo o Acordo Ortográfico da Língua Portuguesa, assinado em 1990, em vigor desde janeiro de 2009.

Direção: Renan Menezes
Editora-chefe: Sarah Lucchini
Editor responsável: Paulo Peres
Assistente editorial: Jaqueline Angelica
Edição: Solange Mônaco
Revisão de texto: Rosalice Gualberto
Revisão de provas: Paulo Peres
Coordenadora de design gráfico: Claudia Fatel Lino
Capa e projeto gráfico: Lira Lira
Diagramação: Marcelo Alves de Souza

As opiniões expressas nesta obra refletem o ponto de vista de seus autores e não são necessariamente equivalentes às da Editora Vida ou de sua equipe editorial.

Os nomes das pessoas citadas na obra foram alterados nos casos em que poderia surgir alguma situação embaraçosa.

Todos os grifos são do autor, exceto os indicados.

1. edição: jul. 2025

Dados Internacionais de Catalogação na Publicação (CIP)
(Câmara Brasileira do Livro, SP, Brasil)

Chagas, Tiago
Jesus para ansiosos : um manual bíblico contra a ansiedade / Tiago Chagas. – 4. ed. rev. e ampl. – São Paulo : Editora Vida, 2025.

ISBN 978-65-5584-779-6
e-ISBN 978-65-5584-778-9

1. Ansiedade - Aspectos religiosos - Cristianismo 2. Bíblia - Ensinamentos 3. Jesus Cristo I. Título.

25-282475 CDD-248.86

Índice para catálogo sistemático:

1. Ansiedade : Aspectos religiosos : Cristianismo 248.86
Eliete Marques da Silva - Bibliotecária - CRB-8/9380

Esta obra foi composta em *Le Monde Courrier Std* e impressa por Gráfica Expressão e Arte sobre papel *Polen Bold* 90 g/m² para Editora Vida.

DEDICATÓRIA

À minha esposa Susan, que foi uma âncora para minha alma durante um dos períodos mais difíceis da minha vida.

Ela me suportou durante crises intermináveis de pânico, deu-me seus ouvidos de presente em uma escuta ativa e misericordiosa e sempre profetizou dizendo que a minha cura dependia de um batismo completo na segurança eterna de que sou amado por Deus em Cristo.

Obrigado por me mostrar que a soberania de Deus é o lugar mais seguro para mim.

SUMÁ

IO

AGRADECIMENTOS

A tarefa de escrever não é meramente literária, é espiritual também. Quem escreve sobre a dor o faz com os joelhos dobrados e as entranhas expostas. E este livro nasceu assim: não de um escritório arejado, mas de noites em claro; não do conforto da estabilidade, mas da vulnerabilidade de um coração que já foi dominado pela ansiedade.

A Deus, fonte de toda consolação (cf. 2Coríntios 1.3), rendo minha mais profunda gratidão. Foi ele quem me sustentou quando minha alma se encontrava instável e foi dele que recebi, não apenas a cura, mas a vocação para consolar outros com a mesma consolação que dele recebi. Nele, descobri que as crises não são interrupções da vida, antes são convites para uma fé mais robusta. Como dizia Agostinho de

Hipona: "Nosso coração está inquieto enquanto não repousa em ti"[1].

Agradeço, com reverência e alegria, à equipe pastoral da Doxa Global Church, meus irmãos e companheiros de ministério. Obrigado por me liberarem para além dos muros da igreja local, para que pudesse me dedicar à elaboração deste projeto e ao ministério do ensino. Cada encorajamento de vocês foi como óleo fresco sobre minha cabeça cansada.

Sou igualmente grato à equipe editorial da Editora Vida, cuja excelência, zelo e sensibilidade transformaram um manuscrito em uma mensagem viva. Obrigado por acreditarem que um livro pode ser mais que papel, pode ser ponte entre a dor e a esperança. Por meio do trabalho de vocês, esta obra será usada por Deus para tocar corações aflitos e restaurar vidas exaustas.

Se este livro ajudar um só leitor a descansar em Deus, já terá cumprido seu propósito.

Porque, como bem escreveu Martinho Lutero: "A fé é uma confiança viva no coração. É tão certa que se morresse mil vezes por ela, ainda assim confiaria"[2].

Com gratidão e esperança,

TIAGO CHAGAS

1. HIPONA, Agostinho de. **As Confissões**. São Paulo: Mundo Cristão, 2019.
2. LUTERO, Martinho. **Obras selecionadas**. São Leopoldo: Sinodal, 2025.

PREFÁCIO

Vivemos dias em que a alma humana parece clamar por socorro em silêncio. É notório que atravessamos a era mais marcada por crises emocionais da história. Ainda que os números da ciência e da sociologia nos auxiliem a compreender tal realidade, existe algo que transcende estatísticas: o olhar pastoral atento e o cheiro das lágrimas nos ombros de quem ouve confissões. Os gabinetes estão cheios. As orações, carregadas de angústia. E os semblantes, cansados.

A ansiedade, outrora vista como fraqueza ou capricho, hoje assume o centro do palco da dor contemporânea. Ela é multifacetada, sutil em sua gênese e devastadora em seus efeitos. E talvez o maior perigo da ansiedade não esteja no que ela causa, mas no que ela revela: um coração que tenta, em vão, administrar o amanhã sem confiar plenamente em Deus.

O autor deste livro ousa tocar em uma ferida que já se tornou quase naturalizada em nossa geração. No entanto, ele o faz com a coragem dos profetas e a ternura dos pastores. Não oferece fórmulas ou chavões, mas um retorno à fonte. Ele nos conduz àquela conversa, registrada no capítulo quatro do Evangelho segundo João, entre Jesus e a mulher samaritana. Ali, nas palavras do Mestre, encontramos não apenas a exposição do vazio humano, mas a promessa de uma água que satisfaz em profundidade, de uma vida que brota para além da sede. "[...] quem beber da água que eu lhe der nunca mais terá sede [...]" (João 4.14).

A narrativa daquela mulher — marcada por múltiplas tentativas de preencher o abismo existencial com afetos e relações — é, de certo modo, a nossa própria. Ela encarna o drama de todos os que buscam em poços humanos aquilo que só pode ser encontrado na fonte eterna. A ansiedade é, em sua essência, um sintoma desse desencontro: o coração humano tentando descansar sem ter encontrado o descanso em Deus.

E é justamente nesse ponto que a mensagem deste livro se torna vital. Ao longo destas páginas, o leitor é convidado a uma jornada teológica, emocional e espiritual que culmina na única ancoragem segura para a alma: Cristo. Aquele que não apenas nos promete vida eterna, mas vida abundante no presente (cf. João 10.10). Uma vida que não nega o sofrimento, mas o enfrenta com esperança. Uma vida que reconhece o caos emocional, mas o submete ao senhorio do Príncipe da Paz.

Como pastor, posso afirmar que a maior crise do nosso tempo não é meramente psicológica, mas espiritual. Estamos lidando com homens e mulheres desconectados de seu Criador, tentando sobreviver com o fôlego curto de suas próprias forças. Por isso, é urgente que se redescubra o Evangelho como bálsamo para a alma e como ponte para a verdadeira saúde emocional. A boa notícia é que Jesus continua dizendo: "Venham a mim todos os que estão cansados e sobrecarregados, e eu darei descanso a vocês" (Mateus 11.28).

Este livro, portanto, é mais do que um compêndio devocional sobre ansiedade. É um chamado à redenção integral do ser. É um grito sereno que ecoa o convite do Salvador. Ao lê-lo, permita-se ser conduzido à fonte que sacia, ao Pastor que cura, ao Redentor que não apenas oferece o Céu, mas invade o hoje com sua paz.

Minha oração sincera é que cada página lida seja como uma gota da água viva prometida por Jesus — restaurando, acalmando e dando novo sentido à existência.

Leia com o coração aberto. Deus está falando.

Pr. Djalma Toledo
Fundador e presidente da Comunhão Cristã
Verdade e Vida, São Paulo, SP

INTRODUÇÃO

Entregar este livro a meus leitores é bem mais do que um exercício literário de escrita ou produção teológica. Jesus para ansiosos é a partilha de um manual bíblico e prático que me ajudou a enfrentar e sair de um dos períodos mais difíceis e com múltiplos problemas que já vivi.

O exercício do ministério pastoral em si mesmo tem um potencial perigoso e devastador para as emoções de quem se entrega totalmente a esse ofício. Lidar com pessoas diferentes, dos mais variados níveis de formação, maturidade, cultura e, sobretudo, consciência cristã, produz um desgaste inimaginável e com desdobramentos que, se não observados e conduzidos com moderação e equilíbrio, podem evoluir para transtornos psicológicos graves. Lamentavelmente, fatais em alguns casos.

Por conta dessa realidade, o escritor e pastor Ray Ortlund afirmou o seguinte:

> O que chamamos de "esgotamento" é a experiência de uma sobrecarga tão profunda que as nossas capacidades usuais de resiliência, de reagir, de permanecer estáveis, confiantes e perseverantes não são mais suficientes. O esgotamento significa algo muito profundo que nos coloca em colapso, e nós simplesmente não podemos continuar. Nós, pastores, entendemos o esgotamento, e não apenas na vida dos outros, mas na nossa própria vida.[1]

Portanto, é importante destacarmos que enfrentar períodos de desordem emocional e psicológica não é uma particularidade dos líderes contemporâneos ou meramente sinônimo de fraqueza espiritual. Em sua segunda carta à igreja de Corinto, o apóstolo Paulo declara: "Pois, quando chegamos à Macedônia, não tivemos nenhum descanso, mas fomos atribulados de toda forma: conflitos externos, temores internos" (2Coríntios 7.5).

---

1. ORTLUND, Ray. **Esperando no Senhor para renovar nossa força: Reflexões sobre o desgaste pastoral.** 5 fev. 2020. Coalizão pelo Evangelho. Disponível em: <https://coalizaopeloevangelho.org/article/esperando-no-senhor-para-renovar-nossa-forca-reflexoes-sobre-o-desgaste-pastoral/4578>. Acesso em: 22 maio 2025.

O apóstolo Tiago, em sua carta aos cristãos, afirma que "Elias era homem semelhante a nós, sujeito aos mesmos sentimentos" (Tiago 5.17a, ARA), e essa vulnerabilidade fica evidente no relato sobre sua história no Antigo Testamento:

> *Elias teve medo e fugiu para salvar a vida. Em Berseba de Judá ele deixou o seu servo e entrou no deserto, caminhando um dia. Chegou a um pé de giesta, sentou-se debaixo dele e orou, pedindo a morte: "Já tive o bastante, Senhor. Tira a minha vida; não sou melhor do que os meus antepassados".*
>
> *(1Reis 19.3-4)*

Isso demonstra com clareza, portanto, que crises emocionais são possíveis, até mesmo para ilustres heróis da fé. Homens e mulheres verdadeiramente salvos, maduros espiritualmente e com experiências com o Senhor, podem enfrentar intensos conflitos internos.

Porém, as Escrituras não apresentam as nossas fragilidades e vulnerabilidades como um ponto final ou modelo existencial. Existe uma proposta divina para que mentes ansiosas, pensamentos acelerados e corações inquietos desfrutem da "paz que excede todo o entendimento" (cf. Filipenses 4.7).

Para Elias, Deus enviou um anjo, em seguida o encontrou pessoalmente em meio a uma brisa suave para removê-lo dos esconderijos depressivos onde estava. O apóstolo Paulo, por sua vez, desfrutou do consolo celestial por meio de relacionamentos curadores. Sabemos disso porque ele nos informa de sua experiência terapêutica por meio de uma das expressões mais belas do Novo Testamento: "Deus, porém, que consola os abatidos, consolou-nos com a chegada de Tito" (2Coríntios 7.6).

A ansiedade tornou-se uma epidemia global, intensificada pela pandemia da COVID-19. Segundo a Organização Mundial da Saúde (OMS), a prevalência de ansiedade e depressão aumentou 25% no primeiro ano da pandemia, 2020. O Brasil lidera mundialmente em casos de ansiedade, com mais de 18 milhões de pessoas afetadas, representando cerca de 9,3% da população[2].

Esse cenário evidencia a necessidade de se buscar caminhos multidisciplinares para o enfrentamento de uma demanda tão grave. Embora não seja a única resposta, o desenvolvimento espiritual é fundamental para nossa saúde mental, como disse Frankl: "A espiritualidade é um elemento essencial da existência humana; sem ela, o homem não pode alcançar a plenitude de sua saúde mental"[3].

---

2. OMS. Organização Mundial da Saúde. **Pandemia de COVID-19**. 2 mar. 2022. Comunicado de imprensa. Disponível em: <https://www.who.int/news/item/02-03-2022-covid-19-pandemic-triggers-25-increase-in-prevalence-of-anxiety-and-depression-worldwide>. Acesso em: 22 maio 2025.

3. FRANKL, Viktor E. **A vontade de sentido: fundamentos e aplicações da logoterapia**. São Paulo: Paulus, 2006, p. 35.

Nessa busca pela plenitude de vida e bem-estar emocional, um outro destaque não menos importante é lembrarmos que Deus nos criou corpo, alma e espírito: "Então o Senhor Deus formou o homem do pó da terra e soprou em suas narinas o fôlego de vida, e o homem se tornou um ser vivente" (Gênesis 2.7). Mas, por causa do pecado, essa integração perfeita foi atingida pela morte. Em Gênesis 3, vemos que passaram a ocorrer consequências danosas sobre o corpo: dores e sofrimento na gravidez e no parto, sofrimento e suor para tirar o alimento da terra, até, por fim, a volta ao pó. Além de a alma e o espírito adoecidos, o corpo foi afetado em seu aspecto fisiológico também.

Portanto, reconhecemos que existem situações de intensa ansiedade que exigem um cuidado médico especializado, nas quais até mesmo uma intervenção medicamentosa é necessária em função de um desequilíbrio químico no cérebro. Atualmente, certos psicofármacos produzem bons efeitos no tratamento da ansiedade, pois ajudam a reduzir a sintomatologia e melhorar a qualidade de vida do paciente, embora possam causar efeitos colaterais ao longo do tratamento. Essa é a razão fundamental pela qual qualquer medicação só deve ser administrada com o acompanhamento de um médico especializado. Não devemos ter preconceitos contra recorrer a tal suporte. Na dúvida, deve-se buscar orientação médica.

Outra situação comum é que psicólogos, no início de um processo terapêutico, solicitem a seu paciente que procure um médico de sua confiança, como um clínico geral, e peça-lhe um exame de sangue completo. Isso porque pode ser identificada a necessidade de alguma suplementação vitamínica para o cliente. Por exemplo, hoje se sabe que a ansiedade pode ter sua gravidade aumentada por deficiências de vitaminas e nutrientes, como o magnésio, a vitamina D e as vitaminas do complexo B. Esses nutrientes têm funções importantes para o sistema nervoso e a produção de neurotransmissores que regulam o humor e a ansiedade. Ou seja, em um processo psicoterapêutico, não adianta focar apenas nos aspectos psicológicos se o corpo, a base fisiológica, não está regulado. Fomos criados um ser único e integral.

Isso posto, ressalto que o propósito deste livro é abordar como o aspecto espiritual do indivíduo e o tipo de relacionamento deste com Deus podem afetar a saúde mental. É para essa jornada que convido você.

Ao longo das próximas páginas, faremos uma imersão nas Escrituras Sagradas, a fim de descobrirmos e compreendermos o que Jesus tem a dizer para corações ansiosos, e quais as ferramentas que a Palavra nos oferece para vencermos a ansiedade.

Boa leitura.

CAPÍTULO 1

O DESAFIO DE SER ESTÁVEL EM UM MUNDO EM COLAPSO

> A alma moderna titubeia. A evolução da sociedade a partir do Renascimento destruiu os tradicionais marcos de referência, e o homem contemporâneo está perdido, cambaleando entre as doutrinas mais contraditórias.[1]

1. TOURNIER, Paul. **Mitos e neuroses: desarmonia da vida moderna**. Tradução de Yara Tenório da Motta. Viçosa: Editora Ultimato, 2002.

Todos sabemos que a sociedade contemporânea está colapsando aos poucos. Basta um rápido giro pelas principais agências e sites de notícias para percebermos com nitidez que as coisas não andam bem. Segundo o psicanalista suíço Paul Tournier, "a sociedade contemporânea sofre de uma neurose de oposição não resolvida"[2]. Após romper com os valores judaico-cristãos, o Ocidente entrou em uma crise de fundamentos existenciais. O resultado é um individualismo autocentrado e perdido em meio ao mar de *fake news* e narrativas fabricadas.

A pós-verdade — a situação em que os fatos objetivos têm menos influência na formação da opinião pública do que apelos emocionais e crenças pessoais — sentimentalizou a realidade e produziu pessoas governadas muito mais por suas emoções do que por fatos, aumentando exponencialmente o surgimento de transtornos de ansiedade dos mais variados tipos. Como afirma Ana Beatriz Barbosa Silva, em seu livro *Mentes ansiosas*: "Os níveis elevados de ansiedade entre os adultos e especialmente entre as crianças e adolescentes nos levam à inevitável reflexão: onde falhamos?"[3].

Se buscarmos a resposta para essa pergunta nas ciências humanas, encontraremos ferramentas relevantes,

---

2. TOURNIER, Paul. **Mitos e neuroses: desarmonia da vida moderna**. Tradução de Yara Tenório da Motta. Viçosa: Editora Ultimato, 2002.
3. Silva, Ana Beatriz Barbosa. **Mentes ansiosas**: O medo e a ansiedade nossos de cada dia. Rio de Janeiro: Principium, 2017.

que não desprezamos e até usamos. Contudo, nossa proposta por meio desta obra é buscar uma resposta bíblica para as questões emocionais humanas, propondo soluções não meramente transitórias, mas profundas e eternas.

A PÓS-VERDADE TROCOU OS FATOS POR EMOÇÕES FRÁGEIS.

Com base em uma visão cristã do ser humano, encontraremos as raízes das suas dores emocionais mais profundas, especificamente para os transtornos de ansiedade. Também abordaremos do ponto de vista teológico a construção de um caminho terapêutico.

Em uma de suas cartas, o apóstolo Paulo faz a seguinte oração:

> *"Que o próprio Deus da paz os santifique inteiramente. Que todo o espírito, a alma e o corpo de vocês sejam preservados irrepreensíveis na vinda de nosso Senhor Jesus Cristo."*
>
> *(1Tessalonicenses 5.23)*

A intenção de Deus para o homem criado à sua imagem e semelhança é que este desfrute de saúde completa e que sua totalidade seja alvo da sua bondosa e poderosa ação. Precisamos, portanto, antes de apresentar quaisquer propostas terapêuticas, diagnosticar à

"A INTENÇÃO DE DEUS PARA O HOMEM CRIADO À SUA IMAGEM E SEMELHANÇA É QUE ESTE DESFRUTE DE SAÚDE COMPLETA."

luz da antropologia bíblica *quando* e *por que* as emoções humanas colapsaram, e quais são as implicações desse evento para nossa saúde emocional hoje.

Para realizarmos isso, é inevitável fazermos uma viagem no tempo até o princípio de todas as coisas: a Criação.

A ANGÚSTIA DA RUPTURA COM SUA ORIGEM

Em sua obra Ética, o teólogo e pastor alemão Dietrich Bonhoeffer afirma que:

> O ser humano, em sua origem, só sabe de uma coisa: Deus. A outra pessoa, as coisas, a si mesmo ele só conhece na unidade do seu saber de Deus. Conhece tudo só em Deus e Deus em tudo. O saber do bem e do mal assinala a separação já acontecida da origem. A noção de bem e de mal constitui, portanto, a separação de Deus.[4]

Essa citação é extremamente importante para compreendermos, à luz das Escrituras, porque a ansiedade se tornou uma experiência possível e comum aos seres humanos.

Perceba que Bonhoeffer faz um desenho de como o homem criado por Deus está essencialmente ligado à sua origem, e que o conhecimento do bem e do mal não aponta somente para uma troca de lentes, mas sim

---

4. BONHOEFFER, Dietrich. **Ética**. São Leopoldo: Sinodal, 2008.

a uma drástica ruptura com sua matriz existencial. No caso, o próprio Deus Criador.

Se Adão e Eva, antes da queda, experimentaram a existência ligados por inteiro ao Ser Divino, essa era inimaginavelmente completa e plena de prazer. Não havia falta alguma, bem como nenhuma sombra de preocupação ou sofrimento. Providos pelo Criador de modo absoluto, o primeiro casal desfrutava da provisão integral de Deus. Não havia raciocínio sobre o mal, logo, a pressuposição de que coisas ruins poderiam acontecer não existia.

ROMPER COM DEUS FOI O COLAPSO DA ALMA HUMANA.

Contudo, o texto bíblico nos informa que nossos primeiros pais decidiram romper com esse estado de prazer pleno, gerando assim um colapso na sua condição existencial. O ser humano, que antes desfrutava integralmente do Senhor, agora conhece o bem e o mal. Tal como Deus, porém sem ser Deus.

A capacidade de saber sobre o mal e não poder contê-lo ou gerenciá-lo, somada à lacuna deixada no espírito humano após a ruptura com o Criador, gerou o que chamamos usualmente de "morte emocional". O ser humano passou a sofrer em suas emoções por não mais ser completo e satisfeito em Deus, e por conhecer o mal e seus desdobramentos sem poder contê-los.

Aqui começa o drama humano referente a suas desordens emocionais. A primeira manifestação da anomalia aparece no rel ato de Gênesis 3.9-10: "Mas o SENHOR Deus chamou o homem, perguntando: 'Onde está você?' E ele respondeu: 'Ouvi teus passos no jardim e fiquei com medo, porque estava nu; por isso me escondi'".

O medo de Deus, agora presente no coração do homem, sinaliza uma nova e triste época para a humanidade. As emoções humanas corrompidas pelo pecado entrariam em um processo de deterioração tão intenso, que logo outros sintomas apareceriam, tais como inveja, ódio e desprezo pelos seus semelhantes.

Segundo o escritor Matt Smethurst:

> Por algo ter dado terrivelmente errado em nosso coração, buscamos amor em todos os lugares errados. É semelhante ao que fizeram nossos primeiros pais, Adão e Eva, que viraram as costas para Deus e escolheram ditar as regras eles mesmos, fraturando sua Criação e mergulhando os portadores de sua imagem em um oceano de pecado. Ao invés de vivermos para nosso Criador, vivemos para nós mesmos. Os tentáculos do pecado deformaram nosso coração e desordenaram nossos amores. Cada um de nós se rebelou, por natureza e por escolha, contra o Senhor do amor.[5]

---

5. SMETHURST, Matt. **O Evangelho explicado**. 20 abr. 2024. *Coalizão pelo Evangelho*. Disponível em: <https://coalizaopeloevangelho.org/article/o-evangelho-explicado/>. Acesso em: 22 maio 2025.

CAIM E SEU DESCONTROLE

Um exemplo dessa desordem e deterioração do coração humano é o pecado de Caim contra seu irmão Abel. Ambos apresentaram suas ofertas a Deus, mas apenas a de Abel foi aceita. Esse ato de rejeição, interpretado por Caim como uma injustiça, foi o ponto de partida para um processo de deterioração emocional intensa.

As emoções humanas, corrompidas pelo pecado original, rapidamente se transformaram em sentimentos sombrios. A inveja foi a primeira coisa a emergir no coração de Caim. Ver a aceitação de Abel por Deus despertou nele uma insatisfação profunda e um desejo ardente de possuir o que seu irmão tinha. Esse sentimento corrosivo começou a tomar conta de sua mente e a afetar seu julgamento:

> *O SENHOR disse a Caim: "Por que você está furioso? Por que se transtornou o seu rosto? Se você fizer o bem, não será aceito? Mas se não o fizer, saiba que o pecado o ameaça à porta; ele deseja conquistá-lo, mas você deve dominá-lo".*
>
> *(Gênesis 4.6-7)*

A inveja logo se transformou em ódio. A sensação de que seu irmão era o favorito de Deus alimentava uma raiva crescente em Caim. Ele não conseguia ver além de sua própria frustração e tornou-se obcecado pela ideia de que Abel era a causa de sua infelicidade. O ódio, uma emoção poderosa e destrutiva,

"O SER HUMANO PASSOU A SOFRER EM SUAS EMOÇÕES POR NÃO MAIS SER COMPLETO E SATISFEITO EM DEUS."

cegou Caim para qualquer possibilidade de reconciliação ou entendimento.

Por fim, o desprezo por seu irmão completou a tríade de emoções corruptas que levaram Caim a seu ato final. Ele começou a ver Abel não mais como um irmão, mas como um obstáculo a ser removido. O desprezo desumanizou Abel aos olhos de Caim, permitindo que este planejasse e executasse o ato mais extremo: o assassinato de seu próprio irmão de sangue.

Inveja + Ódio + Desprezo = **Assassinato**

Caim chamou Abel para o campo e naquele lugar isolado consumou o ato de violência fria e calculada, tirando a vida do próprio irmão. Esse crime não foi somente um evento isolado de fúria repentina, mas o desfecho trágico de um longo processo de corrupção interior. A inveja cresceu silenciosamente em seu coração, alimentada por ressentimento e orgulho ferido, até transformar-se em ódio implacável. Incapaz de dominar suas emoções e rejeitando a correção divina, Caim permitiu que o pecado se arraigasse profundamente na alma e sufocou qualquer resquício de empatia e remorso.

O PECADO DISTORCE AS EMOÇÕES E DESTRÓI RELAÇÕES.

Esse episódio trágico nos ensina sobre o perigo de permitir que sentimentos negativos se alojem, dominem e cresçam em nós. O pecado, quando não confrontado, distorce a percepção da realidade, conduz à destruição do próximo e também de si mesmo. Caim, ao matar Abel, não apenas tirou uma vida inocente, ele também selou o próprio destino de isolamento e maldição. Sua história serve como um alerta poderoso: emoções descontroladas e nutridas pelo pecado podem nos levar a cometer atos irreversíveis, afastando-nos da presença de Deus e da verdadeira paz interior.

A tragédia de Caim e Abel não é apenas um relato do passado, mas um espelho para a humanidade. Quantas vezes sentimentos como inveja, rancor e orgulho nos afastam das pessoas e nos distanciam de Deus? A lição que fica é clara: devemos vigiar e dominar nossas emoções antes que elas nos dominem; buscar sempre a graça divina para transformar nosso coração.

PONTO DE PARTIDA

Sendo assim, fica claro que, do ponto de vista bíblico, mais do que somente intervenções humanas, nossas emoções precisam de *redenção*. Somente mediante uma proposta radical de vida para Deus, nossos pensamentos poderão ser de fato transformados e nossas emoções redimidas.

É sobre essa proposta que falaremos nos próximos capítulos; à luz do Sermão do Monte, andaremos no caminho proposto por Jesus para vencermos a ansiedade e, como disse Davi no salmo 23, encontraremos descanso para as nossas almas.

PERGUNTAS PARA APROFUNDAMENTO

1. Como a separação do homem de Deus impactou emocionalmente a humanidade? Você percebe essa consequência na sua vida?

2. Você já identificou momentos em que suas emoções foram mais influenciadas por sentimentos do que por fatos? Como isso afetou suas decisões?

3. Ao refletir para a história de Caim e Abel, quais sentimentos negativos você já lutou para controlar?

4. De que forma a pós-verdade influencia sua maneira de perceber a realidade?

5. Para você, o que significa buscar uma estabilidade emocional baseada em Cristo? Como isso pode ser aplicado no seu dia a dia?

CAPÍTULO 2

NÃO ANTECIPE CENÁRIOS INEXISTENTES E INCONTROLÁVEIS

A preocupação pecaminosa é resultado do ato de se afastar de Cristo, o que leva a pessoa a conduzir fardos indevidos.[1]

---

1. BARCLEY, William. **O que a Bíblia diz sobre a ansiedade? Voltemos ao Evangelho,** 13 jun. 2023. Disponível em: <voltemosaoevangelho.com/blog/2023/06/o-que-a-biblia-diz-sobre-a-ansiedade/>. Acesso em: 4 jun. 2025.

No capítulo anterior, construímos um diagnóstico sucinto sobre a raiz da ansiedade humana, por meio das lentes da antropologia bíblica, constatando que, conforme afirma Tournier, "ao fechar os olhos ao mundo espiritual, o homem tornou-se incompreensível para si mesmo. E não se compreendendo, fica em confusão"[2]. Essa desordem, quando não percebida e tratada adequadamente, pode transformar-se em colapso.

Neste capítulo, usaremos um fragmento de um sermão de Jesus, o famoso Sermão do Monte, como base para a construção do entendimento sobre nosso tema. De maneira diferente de Mateus, que registra o Sermão do Monte em sequência nos capítulos 5, 6 e 7 de seu Evangelho, Lucas opta por uma narração diferente. Abaixo segue o texto na sua íntegra:

> *Dirigindo-se aos seus discípulos, Jesus acrescentou: "Portanto eu lhes digo: Não se preocupem com sua própria vida, quanto ao que comer; nem com seu próprio corpo, quanto ao que vestir. A vida é mais do que a comida, e o corpo, mais do que as roupas. Observem os corvos: não semeiam nem colhem, não têm armazéns nem celeiros; contudo, Deus os alimenta. E vocês têm muito mais valor do que as aves! Quem de vocês, por mais que se preocupe, pode acrescentar uma hora que seja à*

2. TOURNIER, Paul. **Mitos e neuroses: desarmonia da vida moderna**. Tradução de Yara Tenório da Motta. São Paulo: ABU Editora; Viçosa: Editora Ultimato, 2002.

sua vida? Visto que vocês não podem sequer fazer uma coisa tão pequena, por que se preocupar com o restante?

Observem como crescem os lírios. Eles não trabalham nem tecem. Contudo, eu lhes digo que nem Salomão, em todo o seu esplendor, se vestiu como um deles. Se Deus veste assim a erva do campo, que hoje existe e amanhã é lançada ao fogo, quanto mais vestirá vocês, homens de pequena fé! Não busquem ansiosamente o que comer ou beber; não se preocupem com isso. Pois o mundo pagão é que corre atrás dessas coisas; mas o Pai sabe que vocês precisam delas. Busquem, pois, o Reino de Deus, e essas coisas lhes serão acrescentadas.

Não tenham medo, pequeno rebanho, pois foi do agrado do Pai dar-lhes o Reino. Vendam o que têm e deem esmolas. Façam para vocês bolsas que não se gastem com o tempo, um tesouro nos céus que não se acabe, onde ladrão algum chega perto e nenhuma traça destrói. Pois onde estiver o seu tesouro, ali também estará o seu coração.

(Lucas 12.22-34).

Ao longo de seu Evangelho, Lucas apresenta fragmentos e porções do Sermão do Monte, um dos mais significativos discursos de Jesus durante seu ministério. Esse sermão se destaca ao lado do sermão profético, de Mateus 24, e do sermão das parábolas, de Mateus 13, sendo amplamente reconhecido como

“AO FECHAR OS OLHOS AO MUNDO ESPIRITUAL, O HOMEM TORNOU-SE INCOMPREENSÍVEL PARA SI MESMO.”

uma das exposições mais profundas e transformadoras do nosso Mestre.

A maioria dos estudiosos considera o Sermão do Monte como o código de ética do Reino dos Céus ou a Carta Magna deste Reino, pois nele Jesus estabelece os fundamentos da vida cristã. Seu nome deriva do fato de que Jesus, ao ensinar sobre o Reino de Deus, reuniu seus discípulos em um monte, simbolizando um chamado à comunhão e ao aprendizado de maneira pessoal e direta com ele.

Há um interessante paralelo entre esse sermão e a figura de Moisés. No monte Sinai, Moisés recebeu a Lei diretamente de Deus e a transmitiu ao povo de Israel. Agora, em outro monte, Jesus reafirma a Lei e a interpreta de forma mais profunda e definitiva, posicionando-se como o novo Moisés, o supremo legislador do Reino de Deus. A relação fica evidente em suas palavras recorrentes: "Ouvistes o que foi dito. Eu, porém, vos digo". Aqui, Cristo se apresenta como a própria autoridade referente à Lei, não a explicando apenas, mas revelando sua plenitude e propósito verdadeiros. É como se você tivesse lido um livro, tentando compreendê-lo, assistido à aula de professores e pesquisadores sobre a obra, porém, de repente, o próprio autor do livro aparece e ele mesmo explica a própria obra.

Por causa disso, esse sermão é essencial para a constituição da fé cristã, pois Jesus aborda uma ampla gama de temas que moldam a vida do discípulo como humildade, justiça, misericórdia, pureza de coração, pacificação e amor ao próximo, entre outros. Mais do que um conjunto de regras, o Sermão do Monte oferece uma *cosmovisão* (visão de mundo) *transformadora*: ele ensina seus seguidores a enxergar a vida e a humanidade com base na perspectiva do Céu. Nessa coleção de ensinos, Cristo explica aos seus discípulos a cosmovisão do Céu; como o Senhor vê a vida e a humanidade.

ANTECIPAR O FUTURO É ROUBAR A PAZ DO PRESENTE.

Em sua pregação, Jesus redefine o que significa ser bem-aventurado (ou feliz), desafia os valores terrenos e convida os ouvintes a uma existência que reflita a santidade e o caráter de Deus. Assim, o Sermão do Monte não é somente um discurso ético ou moral, mas um chamado radical à vivência do Reino de Deus no presente, antecipando a realidade celestial na Terra por meio de uma vida pautada no amor e na justiça divina.

Corroboro o pensamento de Paul Earnhart quando ele diz:

> O ponto de vista do Novo Testamento sobre o sermão é mais bem entendido na introdução que lhe fez Mateus. O Sermão da Montanha é "o evangelho do Reino" (Mateus 4.23). Isso deveria servir para esclarecer duas coisas: primeiro, que ele não é meramente a exposição

da lei; e, segundo, que suas bênçãos e princípios éticos não são atingíveis pelos não convertidos. Esse é um sermão para os cidadãos do reino. A salvação, e não a reconstrução social, é seu alvo, e os homens de sabedoria mundana estão destinados a jamais entendê-lo. (...) O Sermão da Montanha permanece como uma explanação da verdadeira natureza do Reino de Deus. É um sermão proferido na História e serve para responder às questões que, naturalmente, seriam levantadas pelo anúncio em Israel do iminente aparecimento do Reino (Mateus 3.1; 4.17). Mais ainda, o caráter totalmente inesperado do pregador e o acirrado conflito entre Jesus e os fariseus estavam para provocar ainda maior preocupação entre aqueles que primeiro ouviram o grito: "Está próximo o Reino dos Céus!" O discurso de Jesus na encosta de um monte galileu não é, na realidade, um mero sermão. Ele mais se aproxima de um manifesto do Reino de Deus. Há mais ensinamento de Jesus do que este, mas aqui sentimos a verdadeira essência da verdade do Reino; e o negligenciaremos com nosso próprio risco. Porque ele trata de atitudes, o sermão permanece na entrada do Reino de Deus tanto quanto em seus mais exaltados planos. Ele não é somente carne para os maduros, mas um desafio àquele que faz sua primeira aproximação ao domínio e à justiça do céu.[3]

---

3. EARNHART, Paul. **O Sermão da Montanha: Extraindo os tesouros das Escrituras**. Edição Brasileira: Christianity Magazine, 1997.

Por meio de suas palavras, Jesus atua como o porta-voz da cultura do Céu. Por isso, no Sermão do Monte, quando ensina sobre oração, ele nos ensina a orar o Pai-Nosso. E o que é dito como petição nessa oração? Que a vontade de Deus seja feita na Terra *como é feita no céu*.

O Sermão do Monte possui uma profundidade extraordinária, revela princípios essenciais do Reino de Deus. O trecho que encontramos no Evangelho de Lucas corresponde ao texto de Mateus 6.25-34, no qual Jesus aborda a relação de seus discípulos com as preocupações da vida. Nesse ensinamento, ele nos orienta sobre como lidar com a ansiedade e as inquietações do cotidiano, convidando-nos a confiar de modo pleno na provisão divina.

JESUS E A ANSIEDADE

É importante lembrarmos que quando Jesus declara: "[...] Não se preocupem com sua própria vida, quanto ao que comer; nem com seu próprio corpo, quanto ao que vestir" (Lucas 12.22), ele não defende a improdutividade ou ociosidade. Algumas pessoas podem ler o texto e pensar: "Maravilha! Vou deitar e esperar que alguém bata à minha porta com comida e outras necessidades". Essa interpretação é um grande erro. Cristo não é contra a produtividade. Ao contrário, ele declara que seu Pai trabalha até hoje e ele também trabalha. O Criador é ativo em sua Criação,

“A PREOCUPAÇÃO É, EM ESSÊNCIA, UMA FORMA DE INCREDULIDADE.”

é um Deus que trabalha. O apóstolo Paulo declarou que "se alguém não quiser trabalhar, também não coma" (2Tessalonicenses 3.10).

Jesus não poderia defender a improdutividade, pois o mandato cultural dado a Adão no Jardim do Éden, antes do pecado, era "cultive e guarde o jardim".

O filósofo existencialista cristão Søren Kierkegaard, ao discursar sobre Mateus 6, afirma que diferente das aves do céu, alimentadas apesar de não trabalharem, o homem é perfeito justamente porque Deus o alimenta por meio do trabalho:

> Trabalhar é a perfeição do ser humano. Trabalhando, o homem se parece com Deus, que afinal também trabalha. [...] ele trabalha com Deus pela comida. Ele trabalha com Deus, portanto, ele é colaborador de Deus.[4]

Assim ocorre uma completa inversão de valores em nossa percepção: longe de ser um "mal necessário", o trabalho é, na realidade, uma expressão da imagem divina no homem. Criado por Deus e concedido como missão e mandato ao ser humano, o trabalho não é um castigo, antes, é uma bênção.

É importante perceber um equívoco comum entre muitas pessoas na atualidade: acreditar que o trabalho

---

4. Kierkegaard, Søren. **Discursos edificantes em diversos espíritos – 1847**. São Paulo: Liber Ars, 2018.

surgiu como consequência do pecado de Adão, como um tipo de punição e castigo impostos à humanidade. No entanto, essa ideia não corresponde à verdade das Escrituras. Desde a origem, o homem sempre trabalhou. No Éden, Deus confiou a Adão a responsabilidade de cultivar e guardar o jardim (cf. Gênesis 2.15). A grande diferença é que, antes da queda, o trabalho era uma experiência plenamente satisfatória, uma forma de adoração e glorificação a Deus.

A ALMA ANSIOSA TENTA CONTROLAR O INCONTROLÁVEL.

Entretanto, após a queda, o trabalho passou a ser marcado pelo esforço árduo, cansaço e dificuldades (cf. Gênesis 3.17-19). O que antes era puro deleite tornou-se, em muitos aspectos, penoso e desgastante. No entanto, em Cristo, o homem é restaurado e capacitado a enxergar o trabalho sob a perspectiva original da Criação. Quando compreendemos o propósito divino do trabalho, ele volta a ser visto não como fardo, mas como oportunidade de servir, crescer e glorificar a Deus em cada tarefa realizada.

Assim, o trabalho, longe de ser castigo, continua sendo parte essencial da vocação humana e um meio pelo qual expressamos a dignidade e a graça concedidas por Deus.

Por isso, creio no que o pastor Tiago Cavaco afirma:

> Os dois primeiros capítulos de Gênesis são espaços de perfeição e têm lugar para o trabalho. [...] Ou seja, o paraíso é paraíso também por proporcionar bom trabalho aos seus habitantes. Ao contrário do que muitos julgam, o trabalho faz parte da ordem do paraíso.[5]

Ame o trabalho e não seja preguiçoso. A preguiça é um atentado contra a glória de Deus; é quando você diz: "Eu posso glorificar a Deus, mas prefiro servir às minhas próprias vontades". Assim, você fica na inércia. Em seu ensino, Jesus não defende a improdutividade, mas confronta o infrutífero hábito de antecipar cenários inexistentes e incontroláveis, resultando em ansiedade.

VOCÊ NÃO CONTROLA TUDO

Enquanto escrevia este livro, lembrei-me da primeira vez em que viajamos para Israel. Era uma longa jornada de avião e, naquela época, eu havia desenvolvido fobia de voar. Não sei exatamente o que aconteceu comigo, mas toda vez que o piloto ajustava a aeronave, meu coração disparava. Eu imediatamente começava a confessar todos os meus pecados e me preparar para o pior.

Lembro-me de um episódio em particular, durante uma parada no aeroporto de Viracopos, Campinas,

---

5. CAVACO, Tiago. **Ter fé na cidade**. São Paulo: Vida Nova, 2017.

São Paulo. Eu estava com a Susan e, ao olhar pela janela, vi um líquido escorrer da asa do avião. Meu instinto foi de alerta máximo. Olhei para o líquido, depois para a comissária de bordo e, então, para a Susan, que dormia com tranquilidade a meu lado. Minha mente entrou em modo de emergência: "Meu Deus, só eu vejo isso? Se eu não avisar, o avião vai decolar e a turbina vai explodir no ar. Será que Deus está me revelando uma tragédia iminente?".

Decidido a agir, levantei-me e fui até um dos comissários: "Moço, preciso mostrar uma coisa. Naquela asa ali está vazando gasolina!".

Ele olhou para mim com calma e respondeu: "Fique tranquilo, senhor. Nós atravessamos uma nuvem ao pousar. Aquilo é apenas água".

Que vergonha, não? Mas por quê? Porque eu havia antecipado um cenário inexistente e totalmente fora do meu controle.

A teologia bíblica nos mostra que a ansiedade nasce, muitas vezes, da tentativa humana de ocupar o lugar de Deus. Desde o Éden, o desejo de "ser como Deus" inclui querer controlar o que só ele pode. A preocupação é, em essência, uma forma de incredulidade. Como afirmou Corrie ten Boom: "A preocupação não esvazia o amanhã de suas dores, ela esvazia o hoje de sua força"[6] [tradução livre]. A ansiedade é uma teologia

---

6. Boom, Corrie ten. **Clippings from My Notebook**. T. Nelson, 1982.

prática equivocada — uma forma de viver como se Deus não estivesse no controle.

Com o tempo, aprendi que a fé não é somente uma confiança emocional, mas uma convicção enraizada no caráter imutável de Deus. Ele é soberano, onisciente e perfeitamente bom. Charles Spurgeon expressa essa verdade dizendo: "Quando você não puder ver a mão de Deus, confie em seu coração"[7] [tradução livre]. Isso aponta para uma teologia do sofrimento e da confiança que transcende os sentidos. O cristão não vive pelo que vê, mas sim pelo que crê (cf. 2Coríntios 5.7).

A tentativa de controle pessoal é um reflexo da queda. No entanto, as Escrituras afirmam que "Deus age em todas as coisas para o bem daqueles que o amam" (Romanos 8.28). Portanto, descansar é um ato de adoração. É reconhecer que ele governa soberanamente sobre os céus e a Terra. Segundo a frase atribuída a Agostinho de Hipona, "Confie o passado à misericórdia de Deus, o presente a seu amor, e o futuro à sua providência". Essa ideia sintetiza a doutrina da providência divina em termos profundamente pastorais.

Hoje, minha postura em voos é completamente diferente. Assim que me acomodo, coloco meus fones de ouvido com isolamento acústico, ignoro qualquer conversa ao redor e durmo a maior parte do tempo.

---

7. SPURGEON, Charles H. **A Happy Christian**. Metropolitan Tabernacle, Newington. 1871.

Por quê? Porque aprendi uma lição valiosa: é impossível controlar o incontrolável. Não adianta tentar fazer o que está além do meu alcance.

DEUS CUIDA MELHOR DE VOCÊ DO QUE VOCÊ MESMO.

O Evangelho não apenas nos salva do pecado, como também nos liberta do peso de carregar o mundo nas costas. Jesus disse: "Não se preocupem com sua própria vida" (Mateus 6.25). A teologia do descanso ensina que Cristo é suficiente. Como afirmou Dallas Willard: "A alma humana não foi feita para carregar o peso do mundo, mas para repousar no Criador do mundo"[8] [tradução livre]. Essa verdade nos liberta para voar, não porque controlamos os céus, mas porque conhecemos aquele que governa os ventos.

Agora confio que o amor de Deus me dá asas para voar em segurança, seja nos céus ou na vida.

VIVA O HOJE E ENTREGUE O SEU AMANHÃ A DEUS

Em um mundo repleto de incertezas, é fácil sermos consumidos por preocupações sobre o futuro. Pensamos constantemente no que pode acontecer amanhã,

8. WILLARD, Dallas. **Renovation of the Heart**: Putting on the Character of Christ. NavPress, 2021.

“A ALMA HUMANA NÃO FOI FEITA PARA CARREGAR O PESO DO MUNDO.”

na próxima semana ou no próximo ano. Muitas vezes nos sentimos sobrecarregados por esses pensamentos. No entanto, há uma sabedoria profunda disponível nas Escrituras para aprender a viver o presente e confiar o futuro a Deus com plenitude.

Viver o hoje significa estar consciente e completamente inserido no momento atual. É aprender a valorizar o presente, a enxergar as pequenas alegrias do cotidiano e a enfrentar os desafios diários com coragem e gratidão. Quando escolhemos focar no AGORA, reduzimos a ansiedade e o estresse que surgem da tentativa incessante de prever e controlar o que ainda está por vir.

Muitas vezes, deixamos de perceber as bênçãos que nos cercam porque nossa mente está ocupada com preocupações sobre o futuro. No entanto, Jesus nos ensinou a descansar na providência divina, como nos lembra Mateus 6.34: "Portanto, não se preocupem com o amanhã, pois o amanhã trará as suas próprias preocupações. Basta a cada dia o seu próprio mal". Esse ensinamento nos convida a confiar, a abandonar a necessidade de controle e a descansar na certeza de que Deus já está no nosso amanhã.

Confiar o futuro a Deus é um ato de fé e rendição. Significa reconhecer que, embora não possamos antecipar tudo o que acontecerá, podemos descansar no fato de que ele tem um plano maior para nossa vida. Quando aprendemos a confiar em Deus, encontramos paz em meio às incertezas, pois sabemos que não estamos sozinhos. Ele nos guia, sustenta-nos e cuida de cada detalhe de nossa caminhada.

Portanto, que vivamos o hoje com gratidão e confiança, aproveitemos cada momento como um presente de Deus e entreguemos o futuro àquele que tudo vê e tudo governa.

A Bíblia nos ensina sobre a importância de confiar em Deus e viver o presente. Pensar no futuro é prudente, desde que não roube você do presente. Descanse no Senhor e assuma sua responsabilidade de hoje. Deus é poderoso para fazer você colher amanhã as boas sementes que plantar agora.

O escritor Burk Parsons destacou o seguinte:

> Deus nos ordena a amá-lo, e o amor dedicado a ele deve estar acima de todos os outros amores, também nos chama a lançar todas as nossas ansiedades sobre ele, porque ele cuida de nós. Deus não diz para lançar algumas de nossas ansiedades sobre ele, mas todas, até mesmo aquelas em que achamos ter as coisas sob controle, todas devem ser lançadas sobre ele e deixadas com ele. Em muitas ocasiões, ficamos ansiosos porque pensamos estar no controle. Então, quando sentirmos ansiedade, é necessário lembrar a verdade de que Deus cuida de nós de uma forma que jamais poderíamos cuidar. Corramos a ele em oração, porque ir ao Pai em oração é o antídoto para a ansiedade. Quando oramos estamos admitindo que não somos Deus e que não estamos no controle, é ele

quem está trabalhando todas as coisas, de maneira que todas essas coisas cooperem para nosso bem. Descobri que aqueles que mais oram são os que menos se preocupam.[9]

PRATICAR A CONFIANÇA E A PRESENÇA

Para viver o hoje e confiar o amanhã a Deus, podemos adotar algumas práticas simples, todavia poderosas:

1. **Gratidão diária.** Comece o dia agradecendo pelas bênçãos presentes. A gratidão nos ajuda a focar nas coisas boas que temos agora, em vez de nos preocuparmos com o que pode faltar no futuro.

2. **Meditação e oração.** Reserve um tempo diário para meditar e orar. Esse momento de conexão com Deus pode trazer paz e fortalecer nossa fé de que ele está no controle.

3. **Atos de bondade.** Faça algo gentil por alguém todos os dias. Pequenos atos de

9. PARSONS, Burk. **Qual o melhor antídoto para a ansiedade?** 6 jun. 2023. *Voltemos ao Evangelho*. Disponível em: <voltemosaoevangelho.com/blog/2023/06/qual-o-melhor-antidoto-para-a-ansiedade/>. Acesso em: 22 maio 2025.

bondade ajudam os outros e também nos mantêm ancorados no presente, lembrando-nos do impacto positivo que podemos ter aqui e agora.

4 **Aceitação.** Pratique a aceitação do que não pode ser mudado e a ação sobre o que pode ser. Aceitar as incertezas e confiar que Deus cuida do resto nos libera da ansiedade.

Viver o hoje, confiando o amanhã a Deus é uma jornada contínua de fé e prática. Ao focarmos no presente e entregarmos nossas preocupações sobre o futuro nas mãos de Deus, podemos experimentar uma paz que vai além da compreensão humana. Essa paz não depende das circunstâncias externas, mas da confiança firme de que Deus está no controle de tudo e inclui o que está por vir.

A ANSIEDADE DRENA O HOJE TENTANDO PREVER O DEPOIS.

Adotar essa abordagem nos permite viver de forma mais plena e autêntica, abraçando cada momento com gratidão e apreço. Enfrentamos os desafios não com medo ou ansiedade, mas com confiança renovada de que Deus está conosco e nos guia em cada passo.

Não se trata de ignorar o futuro, mas de entregá-lo àquele que conhece cada detalhe de nossa vida e que tem um plano perfeito para nós.

Portanto, ao confiarmos em Deus, sabemos que estamos em boas mãos, hoje e sempre. E, ao vivermos no presente com fé, podemos experimentar a verdadeira liberdade que vem de descansar em sua soberania, sabendo que ele cuida de nós em todos os momentos.

PERGUNTAS PARA APROFUNDAMENTO

1. Qual é a principal mensagem que Jesus nos ensina sobre a ansiedade neste capítulo?

2. Quais exemplos bíblicos foram usados para ilustrar como devemos lidar com a ansiedade?

3. De que maneira a mensagem deste capítulo fortalece sua fé e confiança em Jesus diante das preocupações?

4. Qual é o principal desafio que você enfrenta em relação à ansiedade, e como as orientações deste capítulo podem ajudá-lo?

5 Após essa leitura, qual ação prática você pode tomar para lidar melhor com a ansiedade à luz dos ensinamentos de Jesus?

CAPÍTULO 3

MINHA EXPERIÊNCIA COM A ANSIEDADE

> Deus não apenas vê como um espectador passivo. Como Deus, ele nunca é apenas um observador. [...] Quando Deus vê algo, ele cuida disso.[1]

No capítulo anterior, trabalhamos a temática da ansiedade sob uma perspectiva bíblica, percebendo como Jesus oferece alívio e direção àqueles que enfrentam

1. PIPER, John. **Providência**. São José dos Campos: Editora Fiel, 2021.

tal batalha emocional. Vimos como a fé é um antídoto contra a preocupação excessiva e listamos algumas formas práticas de entregar as ansiedades a Cristo, como a oração e a meditação na Palavra de Deus. Espero que você tenha compreendido a importância de entender que a verdadeira paz vem da comunhão com Deus e da entrega total a ele, em lugar de confiar em meras soluções humanas.

Agora, desejo compartilhar com você um pouco da minha experiência pessoal na luta e enfrentamento da ansiedade. Meu contexto não é de alguém que nunca experimentou a ansiedade; falo como alguém que, pelo Espírito de Deus, aprendeu a lidar com ela e vencê-la.

O MEU CAMINHO

Tudo começou durante a pandemia.

Antes disso, sinceramente, eu acreditava que crise de ansiedade era exagero — "falta do que fazer", como se dizia no interior de onde eu vim. Para mim, bastava ter coragem e seguir em frente. Mas o mundo mudou de repente. E junto com ele, minha visão.

Durante o auge da pandemia da COVID-19, minha filha, que na época tinha apenas dois anos de idade, foi diagnosticada com a doença. A aflição de vê-la doente mexeu profundamente comigo. Estávamos todos lidando com o medo da morte, do contágio, da perda. Como pastor, estava diretamente conectado à dor de centenas de pessoas. Foi nesse contexto que o inesperado aconteceu: tive a minha primeira crise de pânico.

Lembro-me claramente. Era um sábado à tarde. Juju, minha filha, estava no banheiro, sentindo-se muito mal, com sintomas gastrointestinais recorrentes. Após atendê-la, fui para a sala do apartamento onde morava e comecei a sentir meu braço esquerdo formigar. Os batimentos cardíacos dispararam e não consegui mais sentir minhas mãos e pés. Como eu também havia testado positivo para COVID-19, pensei que se tratasse de uma complicação da doença. Porém, dada a intensidade dos sintomas, logo achei que estivesse tendo um infarto. Fui ao hospital rapidamente. Ao chegar, os enfermeiros da triagem constataram que minha pressão estava 21x11. Os batimentos cardíacos disparados a 150 por minuto. Após todos os protocolos cardiológicos, eletrocardiogramas e medicações, surge um médico e me dá o diagnóstico: "Você teve uma crise de pânico".

A partir daí, os episódios tornaram-se recorrentes. Entre 2020 e 2022, enfrentei esgotamentos emocionais e ministeriais tão profundos que, ao puxar meu prontuário recentemente, constatei que estive mais de 60 vezes na emergência. Sessenta. Crises hipertensivas, enxaquecas severas, crises de pânico. Foram os 24 meses mais difíceis da minha vida.

Não era apenas a pressão do que acontecia dentro de mim. Era o mundo a meu redor desmoronando.

Em pouco tempo, fui ao cemitério mais de 25 vezes. Eu estava ali, sepultando pessoas queridas, membros da igreja, famílias inteiras. Lembro-me de uma vez, voltando de um culto fúnebre, dizer ao pastor Rudney de Paula, meu auxiliar: "Parece que estamos morrendo aos poucos. Cada vez que viemos aqui, um pedaço de nós ficou para trás".

Foram tempos escuros. Como Elias, que se abrigou debaixo de um zimbro e pediu a morte, eu também me vi esgotado. E, como Elias, não escondi minha dor. Expus minha vulnerabilidade. Falei com pastores, amigos, médicos e terapeutas. Disse sem rodeios: "Preciso de ajuda. Não estou conseguindo lidar com o que estou vivendo".

Busquei socorro. E isso fez toda a diferença.

Percorri todos os caminhos possíveis. Graças a Deus fui atendido por uma equipe multidisciplinar. Sessões de psicoterapia. Medicamentos ansiolíticos. Resgate de uma rotina saudável. Tudo isso foi determinante para que eu pudesse encontrar o caminho de saída daqueles porões existenciais.

Contudo, um destaque é necessário: esse processo foi o útero para o surgimento de uma nova dimensão de fé dentro de mim. Tenho plena certeza de que jamais teria vencido esse tempo de esgotamento e crise, sem um profundo batismo na segurança de que posso descansar na SOBERANIA e na PROVIDÊNCIA de Deus. Falaremos melhor sobre isso mais à frente.

SÓ LUCAS ESTÁ COMIGO

Em 2Timóteo 4.11, Paulo, em uma prisão romana, declara: "Só Lucas está comigo". Em minha jornada, também houve um Lucas, médico, comprometido com a fama de Jesus, que permaneceu comigo até o fim. Seu nome é André Noronha.

Um momento marcante dessa jornada aconteceu numa conferência da JesusCopy 2023. Enquanto o Marcos Brunet compartilhava, diante de seis mil pessoas, seu testemunho de superação das crises de ansiedade e pânico, meu amigo dr. André Noronha — que estava sentado uma fileira atrás — bateu no meu ombro e disse: "Vem cá me dar um abraço".

Enquanto eu o abraçava, ele disse: "Sabe por que estou abraçando você agora? Porque sei que, se fosse há alguns anos, você estaria lá na frente, de joelhos, clamando a Deus por ajuda. Mas hoje estou aqui para celebrar com você. Você venceu uma guerra. Rompeu com os cárceres da ansiedade".

Chorei, porque ele estava certo.

Porém, essa vitória só foi possível quando recebi um diagnóstico claro. Sem ele, a jornada seria cega. Lembro-me de uma consulta com meu médico otorrinolaringologista. Depois de me examinar, ele contou sobre um paciente que sofria com dores de garganta e tomava amoxicilina por conta própria, como se fosse dipirona. Um dia, o médico o examinou e diagnosticou um câncer de laringe. O paciente recusou o encaminhamento para a oncologia e preferiu buscar curandeiros. Morreu pouco tempo depois.

A história me marcou. Porque muitas vezes o problema não é a dor em si, mas o diagnóstico errado — que leva a tratamentos paliativos, mascarando a doença sem curá-la. O mesmo acontece com nossas emoções.

Precisei ouvir o nome da minha dor para iniciar a cura. E a Palavra de Jesus — viva, poderosa e precisa — me ajudou a reorganizar meus pensamentos, ressignificar minha história e reencontrar a paz. A paz verdadeira não nasce da negação da dor, mas do enfrentamento dela com fé, verdade e apoio.

No próximo capítulo, falaremos mais sobre este ponto crucial: o diagnóstico correto. Porque a cura começa quando a dor é corretamente compreendida.

PERGUNTAS PARA APROFUNDAMENTO

1. O capítulo menciona que um diagnóstico errado pode levar a tratamentos ineficazes para a ansiedade. Como podemos identificar as verdadeiras raízes de nossas inquietações?

2. Como a visão bíblica sobre ansiedade se diferencia das abordagens terapêuticas e filosóficas mencionadas no texto?

CAPÍTULO 4

RAÍZES DA ANSIEDADE

> Não se pode curar aquilo que não se compreende. O primeiro ato de amor ao próximo é escutá-lo com profundidade suficiente para que se revele aquilo que realmente o faz sofrer.[1]

No capítulo anterior, falei sobre a minha história com a ansiedade. Agora é hora de falarmos sobre a sua — mais especificamente, sobre as raízes da ansiedade à luz da Bíblia. Afinal, se não compreendermos a origem daquilo que nos aflige, ficamos à mercê de soluções

---

1. TOURNIER, Paul. **Medicina do Homem Integral**. Tradução de Yara Tenório da Motta. São Paulo: ABU Editora; Editora Ultimato, 2002.

que apenas mascaram a dor, sem jamais tocar na verdadeira raiz do problema.

Até aqui, estabelecemos que a verdadeira segurança não se encontra na ausência de problemas, mas na confiança viva em Deus. A desconexão com o Criador é a fonte primária do sofrimento humano, e todas as soluções mundanas são, no melhor dos casos, analgésicos temporários. Somente o Evangelho possui poder suficiente para restaurar plenamente o ser humano e oferecer uma paz que não é deste mundo — uma paz que excede o entendimento.

Entretanto, o que isso tem a ver, de fato, com nossas emoções?

Para compreendermos a profundidade do que está em jogo, precisamos considerar o que o evangelista nos apresenta em Lucas 12.1. Jesus, ali, está falando diretamente a seus discípulos. Essa observação é mais do que um detalhe narrativo — é uma chave hermenêutica. Jesus não está se dirigindo à multidão, mas àqueles que o seguem. Isso significa que a abordagem de Cristo sobre a ansiedade é endereçada a pessoas regeneradas, logo, sua proposta não é meramente terapêutica ou técnica, mas essencialmente teológica.

A forma como Jesus lida com a ansiedade não repousa em estratégias psicológicas, mas numa compreensão profunda de nossa relação com Deus e do lugar que ele ocupa no centro da existência humana. Ele não nos conduz a um conjunto de passos para o alívio emocional; ele nos chama de volta para o eixo do ser.

No texto base desse Evangelho, em momento algum Jesus diz: "Fale da sua dor e você resolverá a ansiedade". Isso não significa, de forma alguma, que ele desvaloriza o processo terapêutico. Ao contrário, falo por experiência própria: já fiz terapia e, se necessário, faria novamente. Considero valioso nos sentarmos diante de alguém capacitado para falarmos sobre o que nos aflige.

No entanto, à luz das palavras de Jesus, é preciso ir além do desabafo. O que ele nos oferece não é apenas um espaço para falar, mas um caminho para curar. E o que exatamente ele nos ensina sobre a ansiedade?

Ao dirigir-se a seus discípulos, Jesus declara:

> *Portanto eu lhes digo: Não se preocupem com sua própria vida, quanto ao que comer; nem com seu próprio corpo, quanto ao que vestir. A vida é mais importante do que a comida, e o corpo, mais do que as roupas.*
>
> *(Lucas 12.22-23)*

Simon Kistemaker comenta:

> A preocupação com o que comer e com o que vestir não se coaduna com uma pessoa que compreende que sua vida e seu corpo estão sob o cuidado constante de Deus, e que Deus, e tão somente ele, é quem determina o limite da duração da vida de qualquer

"A VERDADEIRA SEGURANÇA NÃO SE ENCONTRA NA AUSÊNCIA DE PROBLEMAS."

> pessoa [...] Além do mais, quem proporcionou o maior, isto é, a vida e o corpo, não dará também o menor, isto é, o alimento e o vestuário?[2]

A argumentação de Jesus é irrefutavelmente teológica. Ele parte de uma visão elevada de Deus como Pai providente. A ansiedade, portanto, não é vista apenas como fragilidade emocional, mas como ruptura na confiança em Deus. E aqui começamos a tocar na raiz do problema.

Quando tratamos da ansiedade a partir das ciências humanas — filosofia, psicologia, *coaching* — entramos em uma esfera de conhecimento baseada na biografia pessoal. A epistemologia dessas abordagens nos convida a revisitar a infância, a analisar a árvore genealógica, a buscar feridas estruturantes do passado. Em geral, a explicação será algo como: "Você é ansioso porque, na infância, passou por eventos traumáticos — abusos emocionais, abandono, instabilidade afetiva" ou, então: "Sua ansiedade vem do divórcio dos seus pais, da ausência de apoio emocional, da carência de pertencimento".

Essas leituras são falsas? De modo algum. Elas são verdadeiras. Nossas dores estão inscritas na nossa história, e os registros emocionais que carregamos

---

2. KISTEMAKER, Simon; HENDRIKSEN, William. **Comentário do Novo Testamento: Lucas, volume 2**. São Paulo: Cultura Cristã, 2003.

influenciam, sim, nosso modo de viver. Um bom terapeuta pode detectar padrões e dizer com precisão: "Você apenas reproduz o comportamento da sua família".

Entretanto, o problema surge quando esse é o limite da análise. O diagnóstico, por mais profundo que pareça, estará sempre condicionado à lente epistemológica usada. E cada lente ilumina apenas parte da realidade.

É como nas ciências sociais. Pergunte a alguém de viés ideológico de Esquerda: "Qual é o problema do mundo?". A resposta será: o capital privado, a estrutura patriarcal, a herança de privilégios. Para muitos dessa linha, a solução seria a eliminação dessas estruturas.

FORA DE DEUS, TUDO EM NÓS SE DESALINHA.

Agora, pergunte a alguém de viés liberal ou conservador: "Qual é o problema do mundo?". A resposta será: a estatização excessiva, a negação dos valores tradicionais, o desprezo pela liberdade econômica. Segundo essa perspectiva, quanto mais liberdade e produtividade, melhor.

Porém, quando fazemos essa mesma pergunta a Jesus? "Qual é o problema do mundo?". A resposta dele é clara, penetrante e indiscutível: **o pecado**.

O Evangelho é a única proposta que não começa com a análise do ambiente, mas com a revelação do coração humano. Ele vai além da história da infância e aponta para a Queda como a origem do nosso desalinho. Os traumas que vivemos são reais, mas são sintomas de uma ruptura anterior: nossa separação de Deus.

A ansiedade, portanto, não é apenas o grito do corpo que sofre, é o eco da alma que se perdeu de sua origem.

Imagine um peixe fora d'água. Ele se debate, sufoca, entra em agonia. Mas, se você o aproxima da água e ele sente o cheiro, dá um salto surpreendente — como quem reencontra a vida. Ele nunca esteve morto. Apenas estava fora do lugar para o qual fora criado.

É essa a imagem que Jesus quer que tenhamos de nós mesmos. Isaías a expressa assim: "Como aves perdidas, lançadas fora do ninho, assim são os habitantes de Moabe" (Isaías 16.2).

A ênfase não está no contexto político da profecia, mas na metáfora: pássaros longe de seu ninho. Eles estão vivos, mas sem abrigo. Cantam, mas não têm repouso. Voam, mas não sabem para onde voltar.

Pássaros foram feitos para o ninho. Peixes foram feitos para as águas. E nós? Fomos criados para Deus. Fora dele, tudo em nós se desalinha. Podemos ter saúde, trabalho, relacionamentos e ainda assim vivermos como estrangeiros de nós mesmos.

A ansiedade é o gemido de quem está fora de casa.

E é isso que Jesus veio restaurar. Ele não veio apenas nos trazer alívio, mas nos reconduzir. Sua missão não é apenas terapêutica; é redentora. Ele é o caminho de volta ao Pai. É em sua presença que reencontramos abrigo, identidade e descanso para a alma.

O RELACIONAMENTO COM O PAI

Jesus nos mostra que a única maneira de lidarmos com nossas crises existenciais é ajustando nossa relação com o Pai, por meio do Evangelho e do testemunho do Espírito em nós. A verdadeira paz nasce não do controle das circunstâncias, mas da reconciliação com Deus. Em Lucas 12.29, ele nos exorta: "Não busquem ansiosamente o que comer ou beber; não se preocupem com isso".

Observe agora o contraste que Jesus estabelece no versículo seguinte: "Pois o mundo pagão é que corre atrás dessas coisas [...]" (v.30). Aqui, o Senhor nos convida a refletir sobre um ponto crucial: a maneira como nos relacionamos com as necessidades da vida revela o tipo de relacionamento que temos — ou não temos — com Deus. Mas, afinal, quem são esses "pagãos" ou "gentios" aos quais Jesus se refere?

Paul Gardner oferece uma explicação cuidadosa:

> Esse conceito aparece frequentemente na Bíblia. No Antigo Testamento, é muitas vezes traduzido como "gentio" e significa simplesmente "pagão", "povo" ou "nação". Também é a maneira de referir-se a todos os que não são israelitas e, assim, torna-se um termo

“A ANSIEDADE É O GEMIDO DE QUEM ESTÁ FORA DE CASA.”

> que designa "os de fora". [...] No Novo Testamento, o conceito também tem uma ampla utilização. Em muitos casos, o termo traduzido como "gentio" pode também ser compreendido como "nação". Frequentemente é usado como um termo de contraste étnico e cultural. Se os gentios fazem algo, é uma maneira de dizer que o mundo realiza aquilo também [...] Muitas vezes, quando esse vocábulo é usado dessa maneira, é como exemplo negativo ou uma observação de que tal comportamento não é comum nem recomendável.[3]

Em outras palavras, os "gentios" ou "pagãos" são aqueles que vivem à margem da aliança, alienados de Deus, entregues à autossuficiência e à lógica da sobrevivência. Vivem perguntando: "Como vamos comer? Como vamos nos vestir? Como vamos garantir o amanhã?". Eles carregam o peso de crer que tudo depende de suas próprias forças, estratégia e competência. Sua segurança está nos celeiros que constroem, nos depósitos que acumulam, nos recursos que conseguem reunir.

Jesus, então, não apenas identifica esse comportamento, ele o denuncia como próprio daqueles que vivem como se Deus não existisse. A ansiedade, nesse contexto, é o modo de viver dos que desconhecem a paternidade divina. É o sintoma de uma alma órfã,

---

3. GARDNER, Paul. **Quem é quem na Bíblia: A história de todas as personagens da Bíblia**. São Paulo: Vida, 2014.

desconectada de seu Criador. Em contraposição, Jesus nos convida a uma outra forma de existir — uma forma marcada pela confiança. Aqueles que pertencem a Deus são chamados a viver de modo distinto. Não porque estejam isentos das demandas da vida, mas porque conhecem o Deus que cuida de todas as coisas.

Essa diferença de postura está no âmago do ensino de Jesus:

> *Portanto, não se preocupem, dizendo: "Que vamos comer?" ou "Que vamos beber?" ou "Que vamos vestir?" Pois os pagãos é que correm atrás dessas coisas; mas o Pai celestial sabe que vocês precisam delas.*
>
> *(Mateus 6.31-32)*

Essa afirmação é profundamente pastoral e também profundamente teológica. Deus não ignora nossas necessidades, ao contrário, ele as conhece antes mesmo de serem articuladas por nossos lábios. O Pai vê, sabe e provê. A confiança nessa verdade não é apenas um consolo, é o fundamento de uma vida liberta da ansiedade.

Nossa fé em relação ao futuro, portanto, é um testemunho claro de que confiamos na soberania divina. Entregar as preocupações ao Senhor é um ato teológico: é reconhecer que ele reina, que seu cuidado é constante e que seu amor é suficiente. Isso não significa ausência de dificuldades, mas presença de sentido. Não significa a eliminação do sofrimento, mas a certeza da companhia de Deus no vale da aflição.

Sobre isso, Leon Morris comenta com precisão:

> A preocupação é uma grande inibidora da ação: viver preocupado é perder tudo quanto é de importante na vida. Os discípulos não devem indagar (com preocupação) acerca da comida e da bebida. Isso, naturalmente, não exclui o esforço legítimo, mas certamente proíbe a concentração nesses itens. Phillips consegue o sentido com: "Não deveis colocar vosso coração naquilo que comeis ou bebeis" (cf. o rico tolo, 12.16-20). [...] A preocupação com a comida e as roupas pode ser apropriada para os gentios de todo o mundo [...], mas não é apropriada para o povo de Deus. Vosso Pai sabe que necessitais delas; e aquele que conhece a necessidade a suprirá.[4]

O chamado de Cristo, portanto, é uma convocação à mudança de perspectiva. Enquanto os pagãos são consumidos pelas necessidades do dia a dia, os filhos de Deus são convidados a confiar. A fé não elimina a realidade das necessidades, mas desloca o foco do nosso coração para aquele que conhece cada uma delas e tem poder para suprir todas.

Confiar em Deus é aprender a viver do modo como fomos criados: com os olhos fixos no Pai, não nas circunstâncias. É compreender que Deus já está

---

4. MORRIS, Leon L. **Lucas, introdução e comentário**. São Paulo: Vida Nova, 1983.

no nosso amanhã, e que nada escapa a seu cuidado providente.

Assim, enquanto os gentios constroem seus impérios de ansiedade, nós, como filhos, somos chamados a erguer altares de confiança. Nossa fé no cuidado do Pai é, ao mesmo tempo, força interior e testemunho público. Ao entregarmos nossas preocupações ao Senhor, experimentamos o alívio de quem sabe que não está só; e descansamos, não porque tudo está sob nosso controle, mas porque tudo está nas mãos daquele que nos chama de filhos.

PERGUNTAS PARA APROFUNDAMENTO

1. Como a compreensão de que nossa ansiedade tem raízes na desconexão com Deus pode mudar como lidamos com nossas preocupações diárias?

2. O que significa, para você, confiar plenamente em Deus em relação às suas necessidades, como alimentação e vestuário, conforme ensinado por Jesus em Lucas 12.22-23?

3. Qual é a diferença entre as abordagens terapêuticas humanas para tratar a ansiedade e a solução proposta por Jesus no Evangelho? Como isso pode impactar o

modo como buscamos alívio para nossas emoções?

4 O que a metáfora do peixe fora d'água, usada neste capítulo, revela sobre a importância do relacionamento com Deus para nossa paz interior?

5 De acordo com a perspectiva bíblica apresentada, qual é a relação entre a fé em Deus e a superação da ansiedade? Como podemos aplicar essa confiança em nosso cotidiano para vivermos sem preocupações excessivas?

CAPÍTULO 5

HIERARQUIA DE VALOR

> O homem é a obra-prima da Criação. Ele é a imagem de Deus, o elo entre o visível e o invisível, entre o mundo natural e o espiritual.[1]

Certa vez, ouvi uma história mais ou menos assim: um garoto brincava no quintal de sua casa quando decidiu tentar empurrar uma enorme pedra, cujo peso era claramente superior às suas forças. Ele a pressionou com as mãos, os pés, o corpo todo; tentou de frente, de costas, e nada acontecia. Quanto mais se esforçava, mais frustrado ficava.

---

1. BAVINCK, Herman. **Dogmática Reformada – A Criação**. São Paulo: Cultura Cristã, 2012.

Seu pai, que o observava com atenção, disse com calma: "Filho, você ainda não usou todos os seus recursos".

O menino, já quase chorando, respondeu ofegante: "Usei, sim, papai! Fiz tudo o que pude, mas a pedra não se move".

O pai sorriu e, com ternura, replicou: "Não, meu filho, você ainda não pediu a minha ajuda".

Quantas vezes nos encontramos exatamente assim? Lutamos com todas as nossas forças para remover obstáculos que nos parecem intransponíveis, tentando resolver sozinhos os problemas que nos oprimem, até que a exaustão nos vence. E, no meio dessa batalha, esquecemo-nos daquele que é o nosso verdadeiro Ajudador.

Deus nunca nos chamou para carregarmos fardos sozinhos. Ele nos convida a confiar, a lançar sobre ele nossas ansiedades e a experimentar seu poder ao agir onde nossas forças falham.

O SENHOR SABE DO QUE PRECISAMOS

Jesus continua: "Mas o Pai celestial sabe que vocês precisam delas". O reverendo Hernandes Dias Lopes assevera sobre o Evangelho de Lucas:

> Saber que Deus é nosso Pai e conhece todas as nossas necessidades (12.30). Vencemos a ansiedade quando confiamos em Deus (12.28). A fé é o antídoto para

> a ansiedade. Deus nos conhece e nos ama. Ele é o nosso Pai e sabe do que temos necessidade. Se pedirmos um pão, ele não nos dará uma pedra; se pedirmos um peixe, ele não nos dará uma cobra. Nele vivemos e nele existimos. Ele é o Deus que nos criou e que nos mantém a vida. Ele nos protege, nos livra, nos guarda e nos sustenta. O apóstolo Paulo nos ensinou a vencer a ansiedade orando a Deus (Filipenses 4.6,7). A ansiedade é um pensamento errado e um sentimento errado. Quando olhamos para a vida na perspectiva de Deus, a nossa mente é guardada pela paz de Deus. Quando alimentamos nossos sentimentos com a verdade de que Deus conhece nossas necessidades e as supre, então, a paz de Deus guarda nosso coração. A paz é uma sentinela que guarda a cidadela da nossa alma.[2]

Deixe-me compartilhar algo com você, caro leitor. Certa noite, depois de uma reunião do conselho da igreja, cheguei em casa e fui até a cozinha. Ao abrir o armário, percebi que faltava leite. Tenho duas "bezerrinhas" em casa: minha filha de seis anos e a menor, de um ano e meio. Adivinha onde estavam? No bercinho e na caminha, dormindo com tranquilidade, sem qualquer preocupação, apesar da hora avançada.

---

2. Lopes, Hernandes Dias. **Lucas: Jesus, o homem perfeito**. São Paulo: Hagnos, 2017.

“DEUS NUNCA NOS CHAMOU PARA CARREGARMOS FARDOS SOZINHOS.”

O que fiz? Simplesmente saí para comprar leite, mesmo pagando mais caro, porque elas precisavam.

NÃO VIVA COMO ÓRFÃO. VOCÊ TEM UM PAI.

Em nenhum momento, minha filha acordou para dizer que algo estava errado. Ela não se preocupou, não perdeu o sono, não questionou se haveria leite no café da manhã. Por quê? Porque ela confia. Ela sabe que o pai providenciará. Agora, pense nisto: Quem é que não dorme? Aquele que não reconhece a paternidade de Deus. Quem acredita que está sozinho e que tudo depende de sua própria força.

Quem não dorme é quem vive pelo poder do salário, que se angustia com o amanhã. E sabe quem dorme? Quem vive pelo poder da semente, confiando que Deus cuida dos seus.

Davi declara com convicção: "Eu me deito e durmo [...]" (Salmos 3.5). E ele continua: "Em paz me deito e logo adormeço, pois só tu, SENHOR, me fazes viver em segurança" (Salmos 4.8).

Jesus nos ensina que o primeiro grande antídoto bíblico contra a ansiedade é uma revelação da paternidade de Deus. Quando compreendemos que ele cuida de nós, aprendemos a descansar. O sono é a prova de quem confia.

Charles Spurgeon, em um dos seus sermões, declarou que:

> "Quando te deitares, não temerás; deitar-te-ás, e o teu sono será suave". (Provérbios 3.24). [...] Quando vamos para a cama à noite, permitamos que essa promessa nos tranquilize em nosso repouso. Não podemos guardar a nós mesmos, enquanto dormimos. Mas o Senhor nos guardará durante toda a noite. Aqueles que descansam sob a proteção do Senhor encontram-se tão seguros quanto reis e rainhas em seus palácios, e muito mais seguros do que estes. Se, ao nos deitarmos, houver também um deitar de todas as nossas preocupações e interesses, obteremos de nossos leitos o refrigério que os inquietos e cobiçosos jamais encontram em seus leitos. Sonhos maus serão banidos de nossas mentes e se aparecerem, rejeitaremos suas más impressões, reconhecendo que eram apenas sonhos.[3]

Aqui entra o dilema emocional, no qual muitas vezes gastamos mais tempo tentando resolver nossos problemas com nosso pai terreno do que buscando conhecer nosso Pai celestial. Nosso pai terreno não nos deve nada. Por quê? Porque ele é um pecador como nós.

Enquanto nos debatemos em círculos tentando resolver nossos problemas com outro pecador, há um

---

3. SPURGEON, Charles H. **Sono restaurador**. 25 mar. 2025. *Voltemos ao Evangelho*. Disponível em: <voltemosaoevangelho.com/blog/devocionais/25-de-marco-devocional-promessas-preciosas/>. Acesso em: 26 maio 2025.

Ser justo, bom, provedor, piedoso, amoroso, totalmente santo, que diz: "Eu posso cuidar de você". Precisamos nos encher dessa plenitude, para podermos perdoar aqueles que, como nós, são pecadores. Agora, você só pode conhecer o Pai se conhecer o Filho (cf. Mateus 11.27; João 14.6-7).

Jesus declara, de forma prática, que, para rompermos com a ansiedade, precisamos entender que há uma hierarquia de importância e valor que Deus atribui à sua Criação.

Na hierarquia da Criação, estamos no topo das coisas que mais importam para Deus. Jesus nos convida a observar a natureza ao nosso redor e declara: "Observem os corvos: eles não semeiam nem colhem, não têm armazéns nem celeiros; contudo, Deus os alimenta. E vocês têm muito mais valor do que as aves!" (Lucas 12.24).

Em outras palavras, eles não se preocupam com o amanhã. Não vivem ansiosos tentando garantir sustento para as próximas gerações. Eles simplesmente confiam, e Deus provê.

Já viu algum passarinho bater na sua porta pedindo comida? Há um conto sobre dois pardais que moravam no telhado de uma casa onde reinava a aflição. Todos os dias, eles observavam o casal que vivia ali, brigando sem cessar.

Um dia, um passarinho olhou para o outro e disse: "Você percebe como estes humanos estão sempre angustiados?".

E o outro respondeu: "É porque eles não conhecem o nosso Deus".

Jesus nos ensina algo poderoso: "[...] o Pai celestial as [aves] alimenta. Não têm vocês muito mais valor do que elas?" (Mateus 6.26). Ele está reafirmando uma verdade fundamental: na hierarquia da Criação, os seres humanos têm um valor muito maior do que os animais.

Isso nos leva a uma importante reflexão. A Bíblia ensina que o justo cuida bem dos seus animais (cf. Provérbios 12.10). Sim, devemos amar, proteger, alimentar e tratar com dignidade as criaturas que Deus criou. No entanto, há uma diferença fundamental: cachorro é cachorro, gato é gato, e ser humano é a coroa da Criação de Deus.

Nenhum animal foi feito à imagem e semelhança do Criador. Eles existem para manifestar a glória de Deus, para nos encantar com sua beleza e diversidade. Quem nunca se maravilhou ao ver a imponência de um leão, a força de um urso ou a doçura de um poodle?

Porém, jamais podemos igualar isso ao valor de um ser humano. Se Deus tivesse de escolher entre um cachorro e você, ele escolheria você. Por quê? Porque foi Jesus quem disse: "Vocês valem muito mais do que os pássaros". E se ele cuida de cada uma dessas criaturas, quanto mais de nós, a quem ele chamou de filhos.

Nosso desafio não é somente entender essa verdade, contudo, viver nela. Saber que temos um Pai que cuida de nós deve nos levar a um lugar de descanso,

“MINHA VERDADEIRA IDENTIDADE É ‘AQUELE A QUEM JESUS AMA’.”

em que a ansiedade perde seu domínio. Porque confiar na provisão de Deus é escolher viver em paz.

Tenho a impressão de que não conhecemos o valor que temos. Por quê? Porque não fomos resgatados da nossa vã maneira de viver com prata ou ouro, mas com o precioso sangue de Jesus. Deus amou o mundo de tal maneira, de uma forma inominável e indescritível, que ele deu o seu Filho para que todo aquele que nele crê não pereça, mas tenha a vida eterna.

Esse é o nível do amor de Deus por você. Então, se Deus deu Jesus para você, será que não nos dará, juntamente com ele, todas as coisas? Como Paulo disse: "Aquele que não poupou seu próprio Filho, mas o entregou por todos nós, como não nos dará com ele, e de graça, todas as coisas?" (Romanos 8.32).

Deus deu Jesus a você. Ele não lhe dará roupa? Não lhe dará pão para comer? Não lhe dará bebida? Você realmente gastará seus neurônios por conta disso? Perderá o sono? Olhe para a erva do campo, para o lírio. Nem Salomão se vestiu como eles.

Ora, se Deus veste assim a erva que amanhã será lançada no fogo, sabe o que Jesus está dizendo? São finalidades distintas. Você não foi feito para ser lançado no fogo, você foi feito para a glória dele. Se ele cuida da erva que será lançada no fogo, quanto mais cuidará de você.

Agora, grave bem isto: se há uma hierarquia entre a Criação e o ser humano, existe um degrau ainda mais alto que podemos subir. Nem todo ser humano é filho de Deus. Embora todos sejam criação dele, as Escrituras são claras ao afirmar que aqueles que rejeitam Cristo permanecem sob a ira de Deus. As criaturas rebeldes, que não reconhecem Jesus como Senhor e Salvador, permanecem distantes da comunhão com o Pai.

Porém, há uma gloriosa diferença para aqueles que, com sua boca, confessaram e, em seu coração, creram que Jesus ressuscitou dentre os mortos. Esses foram reconciliados com Deus e agora têm paz com ele. Não são apenas a coroa da Criação, mas filhos adotados por meio de Cristo, comprados por um alto preço. São herdeiros de Deus e coerdeiros com Cristo, assentados nas regiões celestiais em Cristo Jesus (cf. Romanos 8.17; Efésios 2.6).

Por isso, quando o apóstolo João escreve seu Evangelho e se refere a si mesmo como “aquele a quem Jesus amava” (João 20.2), alguns podem interpretar isso como excesso de autoestima. Todavia, não é isso. Não é orgulho, é revelação. João compreendeu sua verdadeira identidade: não somente um seguidor de Cristo, mas alguém profundamente amado por ele.

E essa é a mesma identidade que devemos assumir. Qual é o seu nome? Meu nome não é apenas Tiago, João ou Maria. Minha verdadeira identidade é “aquele a quem Jesus ama”. Porque essa é a maior verdade sobre nós em Cristo: somos amados por Deus, comprados pelo sangue de Jesus e chamados para viver como filhos legítimos do Pai.

PERGUNTAS PARA APROFUNDAMENTO

1. Quais são as áreas da sua vida em que você tem tentado resolver tudo sozinho, sem buscar a ajuda de Deus?

2. O que a história do leite ensina sobre confiança na provisão de Deus? Você consegue identificar momentos em que deixou a ansiedade dominar em lugar de descansar na certeza do cuidado do Pai?

3. Jesus ensina haver uma hierarquia de valor na Criação. Como essa verdade deve impactar o modo de você enxergar a si mesmo e sua relação com Deus?

4. Como o conceito de ser "aquele a quem Jesus ama" pode transformar a sua identidade e maneira de viver? Você já se vê dessa forma?

5. Se Deus cuida dos lírios do campo e das aves do céu, o que isso significa para as suas preocupações diárias? Como você pode aplicar essa confiança em sua vida prática?

CAPÍTULO 6

MINHA LUTA PESSOAL

Irmãos, não penso que eu mesmo já o tenha alcançado, mas uma coisa faço: esquecendo-me das coisas que ficaram para trás e avançando para as que estão adiante, prossigo para o alvo, a fim de ganhar o prêmio do chamado celestial de Deus em Cristo Jesus.

(Filipenses 3.13-14)

A ansiedade chega para todos, mas para alguns ela vem como uma tempestade avassaladora. Para mim, foi exatamente assim: um vendaval inesperado que tomou conta da minha vida, trazendo consigo um turbilhão de emoções e pensamentos incontroláveis.

O que eu não percebia na época era que a tempestade tinha raízes mais profundas do que eu imaginava. Minha ansiedade não era somente fruto das pressões do cotidiano. Ela nascia de uma ausência, de um vazio interior, de uma lacuna fundamental: a ausência de uma revelação profunda da paternidade de Deus.

Desde cedo, aprendi a sobreviver por conta própria. Comecei a trabalhar aos 12 anos de idade, sempre correndo atrás do que precisava, sem depender de ninguém. Cresci acreditando que, se eu não fizesse, ninguém faria por mim. A vida, para mim, era uma corrida de resistência. Eu me tornei bom em manter o controle — ou, pelo menos, achava que estava no controle.

E é exatamente aí que a ansiedade germina: no terreno da autossuficiência. Quando acreditamos que tudo depende de nós, cada erro é fatal, cada cenário é uma ameaça, cada desafio se transforma em um possível colapso.

Segundo Valdeci Santos: "Ansiedade é o sentimento ou apreensão acerca daquilo que está por acontecer. [...] Ela já chegou a ser classificada como o mal do século"[1].

Ansiedade é democrática, mas também é traiçoeira. Ela se instala nas rachaduras da alma, especialmente naquelas causadas por uma infância marcada pela ausência de cuidado, por traumas e pela falta

---

1. SANTOS, Valdeci. **Pastores ansiosos?** 10 jul. 2021. *Coalizão pelo Evangelho*. Disponível em: <https://coalizaopeloevangelho.org/article/pastores-ansiosos/>. Acesso em: 4 jun. 2025.

de proteção. E foi justamente isso que descobri: minha alma ansiava por um Pai, por alguém que dissesse: "Está tudo bem, eu cuido de você".

Minhas crises mais intensas não foram apenas emocionais; elas eram espirituais. A ansiedade gritava a ausência de uma verdade: eu não me via como filho. Acreditava em Deus, mas ainda não o conhecia como Pai. Tinha doutrina na boca, porém não tinha um testemunho no espírito.

QUEM SE ACHA NO CONTROLE, VIVE À BEIRA DO COLAPSO.

Foi então que Deus me deu um presente. Na minha caminhada, ele colocou a meu lado uma mulher cheia do Espírito Santo: minha esposa, profetiza do Senhor e instrumento da graça dele em minha vida. Em um dos meus momentos mais sombrios, ela me olhou nos olhos e disse com firmeza: "Sabe qual é o seu problema, meu amor?".

"O quê?", perguntei, sem forças.

"Você acredita que o hospital vai salvar sua vida, que uma mudança de posição pode transformar tudo. No entanto, ainda não tem uma revelação clara de que Deus é seu Pai".

Essas palavras me desmontaram. Compreendi que a raiz da minha ansiedade era espiritual: eu não confiava em um Deus que é Pai, porque nunca tinha conhecido

“NÃO BASTA CONHECER OS VERSÍCULOS, É PRECISO CONHECER O PAI POR TRÁS DELES.”

essa face dele de forma pessoal. Eu era um servo ansioso, e não um filho confiante.

E foi nesse cenário que vivi a noite mais escura da minha vida.

Dois dias após o nascimento da nossa filha, recebi a notícia que me quebrou por dentro. Com minha bebê nos braços, o médico me disse: "Sua esposa tem 24 horas para melhorar. O pulmão está tomado por água. A infecção se espalhou. As hemoglobinas despencaram. O quadro é gravíssimo. Prepare seu coração".

Saí em prantos. Desci aquele corredor como quem desce à sepultura. Minha fé? Estava soterrada. Eu era, naquele instante, um homem de pouca fé.

Porém, Deus, em sua misericórdia, levantou outra voz: a da minha sogra, uma mulher simples, todavia cheia da revelação que me faltava. Quando a encontrei e contei a situação, ela não titubeou: "Que perder nada, moço! Jesus me falou que vai curar a Susan".

Ela não apenas declarou isso, como entrou naquele setor com autoridade espiritual.

"A senhora não pode entrar com azeite aqui!", tentei impedir com minha incredulidade.

Ela respondeu, com um brilho nos olhos: "Posso todas as coisas naquele que me fortalece".

Na sala, ungiu minha esposa da cabeça aos pés e declarou com ousadia: "Espírito de morte, eu te repreendo! A promessa de Deus está viva. Minha filha não vai morrer. Ela viverá para declarar as obras do Senhor!".

Enquanto ela orava, eu chorava. Enquanto ela combatia em fé, eu tremia de medo. Ela tinha uma certeza que eu desconhecia. Uma revelação que me faltava. Ela sabia que havia um Pai cuidando de tudo.

Na manhã seguinte, aquilo que parecia o fim se transformou em um novo começo. Susan estava sentada na cama, reclamando da campainha e querendo ir ao banheiro. Os médicos estavam perplexos.

"Este era o pulmão dela ontem", eles disseram, mostrando uma radiografia opaca, tomada por infecção. "E este é o de hoje", completamente limpo.

Quando voltamos para casa, oito dias depois, minha sogra me olhou nos olhos e disse: "Você prega bem, meu filho, mas ainda tem umas coisinhas 'pra aprender'".

E eu? Concordei.

Naquele dia, entendi que a fé verdadeira não se firma somente em teologia, antes, em revelação. Que não basta conhecer os versículos, é preciso conhecer o Pai por trás deles. A fé da minha sogra não nasceu da teoria, mas da intimidade. E foi essa fé que me despertou.

UM PAI NO MEIO DA TEMPESTADE

Jesus é a resposta para a ansiedade que assola o coração humano. Sua promessa de descanso e paz não é teórica — é encarnada, real e disponível. No entanto, esse descanso só é possível quando entendemos quem Deus é: não apenas Criador, não apenas Salvador, mas **Pai**.

Você pode até conhecer a Bíblia, pregar a Palavra, liderar ministérios. Porém, se não tiver a revelação de que é filho amado de um Pai perfeito, a ansiedade continuará roubando sua paz.

A ansiedade é vencida quando descansamos no colo do Pai, quando entendemos que ele está no controle e que não precisamos mais estar.

Como disse Jesus: "Vocês não são ansiosos. Vocês são homens de pouca fé".

Entretanto, ele não nos repreende para nos envergonhar. Ele nos chama para confiar, para entregar, para descansar.

Você não precisa carregar o mundo nas costas. Você tem um Pai, e isso lhe basta.

PERGUNTAS PARA APROFUNDAMENTO

1. Quais são as principais causas da ansiedade mencionadas neste capítulo e como os ensinamentos de Jesus oferecem alívio para cada uma delas?

2. De que forma confiar plenamente em Deus pode transformar sua maneira de lidar com preocupações e incertezas?

3. Qual ensinamento de Jesus neste capítulo mais impactou você? Como ele pode ser aplicado em sua vida diária?

4 Por que buscar primeiro o Reino de Deus é um caminho eficaz para vencer a ansiedade? Como essa atitude pode mudar sua perspectiva sobre os desafios da vida?

5 Após a leitura deste capítulo, quais passos concretos você pode dar para confiar mais em Deus e viver com mais paz e segurança?

CAPÍTULO 7

O CONHECIMENTO DE QUEM É DEUS

O que vem à nossa mente quando pensamos em Deus é a coisa mais importante sobre nós. A adoração é pura ou profana conforme o adorador nutre pensamentos elevados ou baixos sobre Deus. Por essa razão, a questão mais grave diante da Igreja é sempre Deus mesmo, e o fato mais portentoso sobre qualquer homem não é o que ele possa dizer ou fazer num determinado momento, mas o que, em seu coração profundo, concebe Deus ser.[1]

---

1. TOZER, Aiden Wilson. **O conhecimento do Santo.** Tradução de Elben M. Lenz César. São Paulo: Mundo Cristão, 2006.

Jesus nos ensina que, muitas vezes, a raiz dos nossos problemas não está nas circunstâncias, e sim na falta de fé. A inquietação da alma e a ansiedade do coração frequentemente surgem quando não conhecemos a Deus de verdade. Esse conhecimento essencial não vem de forma automática, mas se revela a nós de três maneiras: por meio das Escrituras, do testemunho do Espírito Santo e da experiência com Deus.

A ansiedade perde sua força quando conhecemos a Deus de verdade, pois a fé cresce à medida que compreendemos quem ele é e descansamos em sua soberania.

O QUE SIGNIFICA "CONHECIMENTO DE DEUS"?

Cada ocorrência da frase conhecimento de Deus na Bíblia deve ser estudada dentro de seu próprio contexto. Às vezes, o autor pode estar se referindo ao conhecimento de Deus (cf. Romanos 11.33), enquanto outras vezes ele pode estar se referindo ao nosso conhecimento de Deus (cf. Romanos 1.28).

Vamos nos concentrar no segundo sentido, que é o mais comum. É impossível cobrir todas as nuances de cada passagem, mas podemos fazer algumas observações gerais sobre como o conhecimento de Deus é usado nas Escrituras.

O conhecimento de Deus geralmente se refere ao conhecimento da verdade sobre Deus (cf. Romanos 1.19-21). Segundo a Bíblia, o conhecimento de Deus começa com Deus (cf. Provérbios 2.6). Ele graciosamente escolhe se revelar à humanidade de muitas maneiras (cf. Isaias 33.6).

Ele se revela a todos por meio da Criação (cf. Salmos 19.1-2), para que cada pessoa conheça pelo menos "seu eterno poder e sua natureza divina" (Romanos 1.20). Esse conhecimento básico da justiça de Deus e da nossa responsabilidade moral é suficiente para nos condenar por não seguirmos a sua lei.

SUA VISÃO DE DEUS MOLDA TUDO QUE VOCÊ É.

Aqueles que temem a Deus ou têm um relacionamento com ele podem crescer no seu conhecimento, à medida que ele se revela (cf. Provérbios 1.7; Isaias 33.6). Deus se revela por meio das Escrituras (cf. 2Timóteo 3.16); do seu povo (cf. Romanos 15.14); do seu Espírito Santo (cf. João 14.26) e do seu Filho, que é a sua imagem perfeita.

Na Bíblia, o conhecimento de Deus está intimamente ligado ao relacionamento com ele. Deus dá conhecimento àqueles que o amam, e a rejeição do conhecimento resulta em relacionamento rompido (cf. Provérbios 2.4-6; Oseias 4.6; Romanos 1.21-25).

Isso se parece um pouco como as nossas relações humanas: quanto mais nos aproximamos de alguém, mais conhecemos a pessoa, e quanto mais a conhecemos, mais próximos nos tornamos dela. À medida que

"A ANSIEDADE PERDE SUA FORÇA QUANDO CONHECEMOS A DEUS DE VERDADE."

crescemos no conhecimento de Deus, aprendemos mais sobre sua vontade, suas obras e seu caráter.

Aumentar nosso conhecimento de Deus ou aprender mais sobre ele deveria motivar uma mudança em nossa vida ao contemplarmos sua bondade, misericórdia e glória.

Como cristãos, crescemos no conhecimento de Deus por meio de nosso relacionamento com Jesus Cristo. Nosso objetivo, então, é crescer no conhecimento de Deus, para que nos tornemos mais semelhantes a seu Filho. A oração de Paulo pelos colossenses é um belo exemplo dessa dinâmica:

> *Por essa razão, desde o dia em que o ouvimos, não deixamos de orar por vocês e de pedir que sejam cheios do pleno conhecimento da vontade de Deus, com toda a sabedoria e entendimento espiritual. E isso para que vocês vivam de maneira digna do Senhor e em tudo possam agradá-lo, frutificando em toda boa obra, crescendo no conhecimento de Deus e sendo fortalecidos com todo o poder, de acordo com a força da sua glória, para que tenham toda a perseverança e paciência com alegria, dando graças ao Pai, que nos tornou dignos de participar da herança dos santos no reino da luz.*
>
> *(Colossenses 1.9-12)*

Por fim, como cristãos, não guardamos o conhecimento de Deus para nós mesmos. À medida que crescemos nele, devemos partilhá-lo com outros, para que também possam conhecê-lo. A vida abnegada de Paulo espalhou o conhecimento de Deus a todos ao seu redor (cf. 2Coríntios 2.14). Deus também usou o ministério de Paulo para quebrar todos os obstáculos na mente humana que impediam as pessoas de ouvirem sobre o conhecimento de Deus.

Da mesma forma, devemos compartilhá-lo onde quer que formos, para que as pessoas possam conhecê-lo por meio da graça de seu Filho. Então, ao servirmos uns aos outros na comunidade cristã, edificaremos uns aos outros até que, pela graça de Deus, "todos alcancemos a unidade da fé e do conhecimento do Filho de Deus, e cheguemos à maturidade, atingindo a medida da plenitude de Cristo" (Efésios 4.13).

GENEROSIDADE X ANSIEDADE

A forma como Jesus termina seu sermão é magistral. Na conclusão de seu discurso, Cristo dispara um golpe contra a escassez e o desejo de controle, em que denuncia a incredulidade e convoca seus discípulos à plena confiança.

Olha o que Jesus diz: "Não tenham medo, pequeno rebanho [...]" (Lucas 12.32). Ele está falando conosco, com os duvidosos, os claudicantes, os fracos na fé. "Não tenham medo, pequeno rebanho, pois foi do agrado do Pai dar-lhes o Reino".

Perceba a grandiosidade dessa afirmação! Jesus está deslocando completamente nosso olhar. Ele nos

“O QUE VOCÊ MAIS VALORIZA DEFINE ONDE O SEU CORAÇÃO REPOUSA.”

lembra que a vida não se resume a pão, roupa e bebida. Nosso Pai não é apenas um provedor terreno; ele é o Rei do Universo, e nós somos herdeiros do seu Reino.

Com base nessa segurança, Jesus prossegue: "Já que vocês não precisam mais se preocupar, sabem o que devem fazer? Vendam as suas posses e deem esmolas. Invistam em bolsas eternas".

VOCÊ POSSUI SEUS BENS OU É POSSUÍDO POR ELES?

E o que isso significa? Estaria Jesus ordenando que vendamos absolutamente tudo o que possuímos e distribuamos aos pobres? Não. Ele não está atacando o direito de propriedade. O que ele ensina é que, ao deslocarmos nossa segurança do "ter" para o "ser", nós nos tornamos livres para manifestar a justiça de Deus na Terra.

Isso não significa que não podemos possuir bens, mas sim que não devemos ser possuídos por eles. A lógica do Reino de Deus é diferente: o maná é para hoje. Se tentarmos acumulá-lo por medo do amanhã, ele apodrece.

Não há nada de errado em ter uma casa. Contudo, há algo de profundamente errado em possuir 50 casas enquanto tantos não têm onde morar. Não há problema em ter um carro, mas manter uma frota enquanto se ignora um orfanato ou uma família necessitada é um sinal de que o coração se perdeu no acúmulo.

A verdadeira prosperidade no Reino não se mede pelo quanto acumulamos, mas pelo quanto refletimos o coração generoso do Pai.

Jesus continua: "Façam para vocês bolsas que não se gastem com o tempo, um tesouro nos céus que não se acabe, onde ladrão algum chega perto e nenhuma traça destrói" (Lucas 12.33). Em outras palavras: você não precisa mais viver ansioso com o que faltará daqui a dez anos. Você tem um Pai.

E por isso, hoje, você pode se tornar a revelação viva da provisão divina. Você pode encontrar aquele que precisa de uma demonstração concreta do amor de Deus e ser essa ponte. Isso faz sentido para você?

Jesus conclui: "Pois onde estiver o seu tesouro, ali também estará o seu coração" (Lucas 12.34). Pergunte a si mesmo: "Onde está o meu tesouro?". Porque onde ele estiver, lá estará também o seu coração. Essa é uma verdade profunda e incontestável. O que você mais valoriza define onde o seu coração repousa.

E aqui vai algo muito sério para você refletir: a maior parte de nossa ansiedade está relacionada ao dinheiro. Se não fosse assim, Jesus não encerraria esse sermão falando sobre isso.

Vivemos ansiosos porque queremos ter o que outros têm. No entanto, para quem Deus dá semente? Para quem come a semente? Não. Deus dá semente àquele que semeia.

Nossa ansiedade está ligada aos cuidados desta vida. E a verdade é que, quando morrermos, o único lugar onde o dinheiro ainda terá algum efeito será em nosso velório. Quem tem mais compra um caixão luxuoso. Quem tem menos vai na urna mais simples. No fim, o rico e Lázaro têm sua equivalência definida pelo tesouro que construíram no Céu, onde depositaram a fé e como viveram sem ansiedade.

Para concluir, compartilho uma história pessoal.

Trabalhava com meu pai, um homem tranquilo, não tão pentecostal quanto eu. Naquela época, eu subia montanhas de madrugada para orar com um grupo. Eu me sentia o próprio Moisés, nos altos montes, falando com Deus. Aquela fé ainda tenra e extremamente entusiasmada me consumia por inteiro. Um dia, ao chegar na empresa, provoquei meu pai: "Pai, você não dá um 'glória a Deus', pelo amor de Deus. Não seja tão frio! Vai ao culto, mas não se expressa. Que avivamento é esse?".

Ele apenas respondeu: "Tá bom".

Mais tarde, no meio do expediente, ele se levantou de repente. Tínhamos um funcionário que acabara de ter gêmeos e vivia uma situação muito difícil. Meu pai pegou a chave do carro e eu perguntei: "Vai aonde, pai?".

Ele respondeu: "Vou dar um 'glória a Deus'".

Achei que ele tivesse enlouquecido. Talvez estivesse indo para o monte orar. Horas depois, voltou com o porta-malas cheio de compras: lata de leite, fralda, alimentos. Ele disse: "Venha comigo".

Fomos até a casa do funcionário. Tiramos tudo do carro. A esposa dele chorava. Ele chorava. E eu, parado, sem acreditar. Na volta, já dentro do carro, meu pai olhou para mim e disse: "Glória a Deus!".

E foi assim que aprendi que generosidade é uma forma concreta de adoração.

APRENDA A CONFIAR

Fiquei constrangido, sabe por quê? Porque o apóstolo Paulo diz que pela nossa generosidade são geradas ações de graças a Deus. A gente é muito bom em dar glória a Deus na igreja. Entretanto, quando o assunto é desconstruir as falsas seguranças que nos causam ansiedade, continuamos ansiosos.

Finalizando, Warren Wiersbe nos assevera:

> O falecido Peter Marshall, capelão do senado norte-americano, orou certa vez pedindo para que úlceras e gastrites não se tornassem a insígnia de nossa fé, mas muitas vezes é exatamente isso o que são! Como vencer a preocupação? O primeiro passo é entender que Deus conhece nossas necessidades e que podemos confiar que ele proverá. Somos ovelhas de seu "pequenino rebanho", filhos de sua família e servos de seu reino, e ele providenciará para que nossas necessidades sejam todas plenamente supridas. Uma vez que se agrada de nos dar seu reino, acaso não nos dará tudo de que precisamos? (Romanos 8.32). No entanto, os prazeres de Deus e nossos tesouros devem andar juntos. Devemos olhar para a Terra do

“CONFIAR EM DEUS, NOSSO PAI CELESTIAL, É UMA JORNADA QUE TODOS SOMOS CHAMADOS A TRILHAR.”

> ponto de vista do céu e ter certeza de que colocamos o reino de Deus em primeiro lugar em todas as coisas. A grande pergunta é: "Onde está seu coração?" Se nosso coração está nas coisas passageiras deste mundo, passaremos os dias preocupados. Mas, se estamos voltados para o que é eterno, a paz de Deus guardará nossa mente e coração (Filipenses 4.6-7). Em se tratando das coisas deste mundo, não devemos "esquentar a cabeça", estando dispostos até a vender o que temos para ajudar a outros (Atos 2.44-45; 4.34-35). Não é errado possuir coisas, desde que elas não nos possuam.[2]

Confiar em Deus, nosso Pai celestial, é uma jornada que todos somos chamados a trilhar. No caminho da vida, frequentemente nos deparamos com desafios e incertezas que nos deixam inquietos e inseguros. No entanto, o Senhor nos convida a descansar nele, lembrando-nos de que seu cuidado nunca falha.

O amor do Pai por nós é profundo e inabalável. Ele conhece cada uma de nossas necessidades antes mesmo de expressarmos uma palavra. Se ele cuida das aves do céu e veste os lírios do campo com tanta beleza, quanto mais não cuidará de nós, seus filhos amados?

Portanto, não vivamos ansiosos, mas confiemos naquele que é fiel e cuida de nós em todo tempo.

---

2. WIERSBE, Warren W. **Comentário Bíblico Expositivo: Novo Testamento**. Volume 5. Santo André: Geográfica, 2010.

PERGUNTAS PARA APROFUNDAMENTO

1. De que maneira o entendimento da graça e do poder de Deus pode transformar o modo de você lidar com momentos de ansiedade e desafios emocionais em sua vida?

2. O que significa para você deslocar a segurança do "ter" para o "ser" no Reino de Deus? Como isso pode impactar suas decisões financeiras e seu estilo de vida?

3. De que forma você pode ser uma expressão da provisão e generosidade de Deus na vida de outras pessoas ao seu redor?

4. O que significa a frase "Onde está o seu tesouro, aí também estará o seu coração" no contexto da sua vida e prioridades?

5. De que forma a relação entre ansiedade e dinheiro foi abordada neste capítulo? Você percebe tal conexão em sua própria vida?

6. Como a generosidade pode ser um antídoto para a ansiedade, segundo o autor? Você já experimentou isso na prática?

CONCLUSÃO

QUANDO A ANSIEDADE ENCONTRA UM PAI

A vida pode ser barulhenta, mas é no silêncio da alma que Deus fala mais alto. Entre tantos ruídos, tarefas, cobranças, notificações, boletos e expectativas, há uma pergunta que ecoa, muitas vezes em forma de dor: "Quem cuida de mim?".

A ansiedade, na maioria das vezes, é a resposta que damos quando não temos essa pergunta resolvida. É a reação de quem ainda acredita que está sozinho, de quem carrega o peso do mundo nos ombros, de quem aprendeu que precisa ser forte o tempo todo, quando, na verdade, só precisava ser filho.

Ao longo destas páginas, você viu que a ansiedade não é simplesmente um desequilíbrio emocional, mas também **um grito espiritual não atendido**. É a alma clamando por segurança, direção e abrigo. Clamando por paternidade.

Descobrimos que **o antídoto da ansiedade não é o controle — é a confiança**. E confiança só nasce de um lugar: relacionamento. Relacionamento com o Pai. Não um pai terreno falho, mas o Pai perfeito, presente, eterno. Um pai que conhece cada batida do seu coração, fio do seu cabelo e lágrima que você derramou sem que ninguém percebesse.

Você não precisa lutar para ser amado, nem provar que é digno de cuidado. **Você já é amado. Já é visto. Já é sustentado.** E isso muda tudo. A ansiedade pode continuar batendo à porta, mas agora você tem uma nova morada: o colo do Pai.

Sim, haverá dias difíceis. Nem sempre o céu estará azul. Às vezes, os ventos soprarão forte e as ondas parecerão grandes demais. Porém, lembre-se: o barco no qual Jesus entra nunca afunda. **Ainda que o mar se levante, a voz dele sempre será maior que qualquer tempestade.**

Se este livro serviu para algo, que tenha sido para isto: levar você da superfície da fé para as profundezas do amor. Que você tenha saído da orfandade espiritual e entrado, seja com passos tímidos ou decididos, na sala do Pai. Que, mesmo em meio à ansiedade, você agora saiba que há um lugar seguro, e esse lugar é uma Pessoa.

E se em algum momento da sua jornada, você se sentir cansado, fraco, como alguém que não tem mais forças para continuar, lembre-se: **Deus não ama você pelo que você faz, mas por quem você é — filho.**

E ele continua dizendo: "Venham a mim, todos os que estão cansados e sobrecarregados, e eu darei descanso a vocês" (Mateus 11.28).

Você pode ter chorado escondido. Pode ter pensado em desistir. Pode ter se sentido indigno, incapaz, esquecido. Entretanto, nenhuma dessas coisas são verdade aos olhos dele. O Céu continua atento. O Pai continua presente. E **você ainda tem um propósito aqui**.

Sim, você é necessário. Você tem algo a oferecer ao mundo. E mesmo quando tudo parecer fora de lugar, **Deus estará rearranjando as peças para fazer você crescer onde parecia impossível florescer.**

Então, agora, ao fechar este livro, quero que você respire fundo.

Sim, agora. Respire. Esse suspiro é sinal de vida. E enquanto há vida, há esperança. Há reconstrução. Há recomeço. Há renovo.

Você não está sozinho. Nunca esteve. E não terminará assim.

Deus ainda está escrevendo sua história. E o capítulo mais belo talvez esteja prestes a começar. Que você caminhe com leveza. Que enfrente seus dias com coragem. Que ore com a confiança de um filho que sabe que o Pai ouve. E que, em meio às incertezas da vida, você seja uma **expressão viva da paz que**

excede todo entendimento. Porque o mundo precisa de mais gente assim — gente sarada pela fé, curada pela verdade, liberta pelo amor daquele que nos amou primeiro.

O mundo precisa de um Pai. Você também! Que ele se revele a você, a fim de fazê-lo descansar em seus cuidados.

REFERÊNCIAS BIBLIOGRÁFICAS

BARCLEY, William. **O que a Bíblia diz sobre a ansiedade?** *Voltemos ao Evangelho*. 13 jun. 2023. Disponível em: <voltemosaoevangelho.com/blog/2023/06/o-que-a-biblia-diz-sobre-a-ansiedade/>.. Acesso em: 4 jun. 2025.

BAVINCK, Herman. **Dogmática Reformada – A Criação**. São Paulo: Cultura Cristã, 2012.

BONHOEFFER, Dietrich. **Ética**. São Leopoldo: Sinodal, 2008.

BOOM, Corrie ten. **Clippings from My Notebook**. T. Nelson, 1982.

CAVACO, Tiago. **Ter fé na cidade**. São Paulo: Vida Nova, 2017.

CHILDERS, Charles L. **Comentário Bíblico Beacon**: Mateus a Lucas. Rio de Janeiro: CPAD, 2005.

EARNHART, Paul. **O Sermão da Montanha: Extraindo os tesouros das Escrituras**. Edição Brasileira: Christianity Magazine, 1997.

FRANKL, Viktor. **Em busca de sentido: Um psicólogo no campo de concentração**. Petrópolis: Vozes, 1991.

FRANKL, Viktor. **A presença ignorada de Deus**. Petrópolis: Vozes, 1992.

FRANKL, Viktor E. **A vontade de sentido: fundamentos e aplicações da logoterapia**. São Paulo: Paulus, 2006.

GARDNER, Paul. **Quem é quem na Bíblia: A história de todas as personagens da Bíblia**. São Paulo: Vida, 2014.

HIPONA, Agostinho de. **As Confissões. São Paulo: Mundo Cristão, 2019.**

KIERKEGAARD, Søren. **Discursos edificantes em diversos espíritos – 1847**. São Paulo: Liber Ars, 2018.

KISTEMAKER, Simon; HENDRIKSEN, William. **Comentário do Novo Testamento: Lucas, Volume 2**. São Paulo: Cultura Cristã, 2003.

LOPES, Hernandes Dias. **Lucas: Jesus, o homem perfeito**. São Paulo: Hagnos, 2017.

LUTERO, Martinho. **Obras selecionadas**. São Leopoldo: Sinodal, 2025.

MORRIS, Leon L. **Lucas, introdução e comentário**. São Paulo: Vida Nova, 1983.

OMS. Organização Mundial da Saúde. Pandemia de COVID-19. 2 mar. 2022. **Comunicado de imprensa**. Disponível em: <https://www.who.int/news/item/02-03-2022-covid-19-pandemic-triggers-25-increase-in-prevalence-of-anxiety-and-depression-worldwide>. Acesso em: 22 maio 2025.

ORTLUND, Ray. **Esperando no Senhor para renovar nossa força: Reflexões sobre o desgaste pastoral**. 5 fev. 2020. *Coalizão pelo Evangelho*. Disponível em: <https://coalizaopeloevangelho.org/article/esperando-no-senhor-para-renovar-nossa-forca-reflexoes-sobre-o-desgaste-pastoral/4578>. Acesso em: 22 maio 2025.

PARSONS, Burk. **Qual o melhor antídoto para a ansiedade?** 6 jun. 2023. *Voltemos ao Evangelho*. Disponível em: <voltemosaoevangelho.com/blog/2023/06/qual-o-melhor-antidoto-para-a-ansiedade/>. Acesso em: 22 maio 2025.

PIPER, John. **Providência**. São José dos Campos: Fiel, 2022.

SANTOS, Valdeci. **Pastores ansiosos?** 10 jul. 2021. *Coalizão pelo Evangelho*. Disponível em: <https://coalizaopeloevangelho.org/article/pastores-ansiosos/>. Acesso em: 4 jun. 2025.

SILVA, Ana Beatriz Barbosa. **Mentes ansiosas: O medo e a ansiedade nossos de cada dia**. Rio de Janeiro: Principium, 2017.

SMETHURST, Matt. **O Evangelho explicado**. 20 abr. 2024. *Coalizão pelo Evangelho*. Disponível em: <https://coalizaopeloevangelho.org/article/o-evangelho-explicado/>. Acesso em: 22 maio 2025.

SPURGEON, Charles H. **A Happy Christian**. Metropolitan Tabernacle, Newington. 1871.

SPURGEON, Charles H. **Sono Restaurador**. 25 mar. 2025. *Voltemos ao Evangelho*. Disponível em: <voltemosaoevangelho.com/blog/devocionais/25-de-marco-devocional-promessas-preciosas/>. Acesso em: 26 maio 2025.

TOURNIER, Paul. **A Doctor's Casebook in the Light of the Bible**. Harper & Brothers, 1954.

TOURNIER, Paul. **Mitos e neuroses: Desarmonia da vida moderna**. Viçosa: Ultimato, 2002.

TOURNIER, Paul. **Medicina do homem integral**. São Paulo: ABU; Viçosa: Ultimato, 2002.

TOZER, Aiden Wilson. **O conhecimento do Santo**. São Paulo: Mundo Cristão, 2006.

WIERSBE, Warren W. **Comentário B**íblico **Expositivo: Novo Testamento**. Volume 5. Santo André: Geográfica, 2010].